U0275094

数字化转型

从数字个人到数字企业的演进

夏月东 ◎ 编著

清华大学出版社
北京

内 容 简 介

本书根据数字化进程发展的轨迹展开，详细阐述了数字化出现的背景，更为关键的是数字化进程对中小企业及个人产生的影响，尤其是数字平台、数字软件工具等新角色的出现，在推动组织和个人数字化转型方面带来的积极意义。在数字化转型场景中，中小组织的数字化转型尤为值得关注，中小企业的数字化被称为数字化大场景中的最后一千米，是打通数字网络、实现一张网的基础。

本书共 13 章，第 1～3 章详细描述了数字化发生的背景及中小企业面对的挑战和可选择的方案；第 4～6 章详细描述了数字软件的新特征及分发模式，给予企业数字化转型带来的影响及价值；第 7～9 章通过描述与案例结合，阐述了数字化场景下如何实现更具效率的运营方式；第 10 章和第 11 章解析了超级个体现象诞生的背景，以及对企业经营的影响；第 12 章和第 13 章分析了数字化发展趋势。本书通过分析及与案例相结合，让读者看完本书后，拥有全视野的数字化场景印象。

本书适合创业者、"白领"、管理者等对数字化感兴趣的读者阅读，在本书有限的内容中，寻找到职业发展的机会，以及企业转型的新机遇等。

本书封面贴有清华大学出版社防伪标签，无标签者不得销售。
版权所有，侵权必究。举报：010-62782989，beiqinquan@tup.tsinghua.edu.cn。

图书在版编目(CIP)数据

　数字化转型：从数字个人到数字企业的演进/夏月东编著.—北京：清华大学出版社，2023.11
　ISBN 978-7-302-64423-1

　Ⅰ．①数… Ⅱ．①夏… Ⅲ．①企业管理－数字化－研究 Ⅳ．①F272.7

　中国国家版本馆 CIP 数据核字(2023)第 153289 号

责任编辑：赵佳霓
封面设计：刘　键
责任校对：时翠兰
责任印制：丛怀宇

出版发行：清华大学出版社
　　　网　　址：https://www.tup.com.cn，https://www.wqxuetang.com
　　　地　　址：北京清华大学学研大厦 A 座　　邮　　编：100084
　　　社 总 机：010-83470000　　　　　　　　邮　　购：010-62786544
　　　投稿与读者服务：010-62776969，c-service@tup.tsinghua.edu.cn
　　　质量反馈：010-62772015，zhiliang@tup.tsinghua.edu.cn
　　　课件下载：https://www.tup.com.cn,010-83470236
印 装 者：三河市东方印刷有限公司
经　　销：全国新华书店
开　　本：145mm×210mm　　印　张：9.375　　字　数：211 千字
版　　次：2023 年 12 月第 1 版　　印　次：2023 年 12 月第 1 次印刷
印　　数：1～2000
定　　价：69.00 元

产品编号：100708-01

PREFACE

前　　言

　　无论是个体还是企业，未来五年最重要的趋势莫过于数字化及其带来的场景变革浪潮。更早时，数字化基础设施条件已经充分具备，头部科技公司在云计算、大数据、操作系统、数字金融等领域已经投入不菲，接下来则是数字化最关键的一步，即实现整个数字网络的合围，而这最后一步也被称为最后一千米，即中小企业数字化转型。中小企业的数字化进程之所以重要，在于中小企业群体受限于人才、资金等方面的投入，它们无法像中等规模以上的企业通过自研数字平台接入更大的数字平台，而唯有接入数字网络的生态中，才能享受到数字经济发展带来的红利。

　　个体在数字化进程面前则遭受的影响更大。首先是因新技术场景而衍生出来的新职业形态；其次是数字软件工具的崛起与普及带来的效率变革，将对部分专业岗位产生一定的影响；再次是数字经济中的新协作体系赋予了个体更多、更自由的发展机遇。数字创作经济正成为很多个体改变其命运的契机。

　　数字时代衍生出了新的群体身份——数字游民。数字游民泛指那些只要能连接网线，就可以在任何场所完成创作与工作的群体，这样的群体曾在互联网早期的极客身上看到过。随着移动计算技术的发展，普及化的高性能设备与成熟的协同网络环境，已经让越来越多的群体成为数字游民，同时很多公司为了解决效率与成本的问题，也逐步采取了异地办公与居家办公这样的形式。

　　数字软件工具的崛起是数字时代另一个重要的现象,数字软件工具的提供商正逐步成为互联网发展中的明星,获得了前所未有的关注,并得到了资本的追捧。数字软件工具与传统软件应用的区别不仅体现在使用场景上,还体现在面向使用者的新交互模式上。数字软件往往优先兼容移动端,并能实现跨端口数据同步,即通过同样的 ID 在多地、多设备上登录使用,并保持最新的数据内容。在交互模式上,使用者不再仅仅是软件的使用者,还是其生态的创作者与参与者。我们今天在打开很多数字软件时,会发现大量成熟的、可直接使用的模板,这极大地降低了我们完成任务的门槛。

　　以上是数字时代所列举的部分场景,而相对于数字化最重要的一环,必然还是中小企业的数字化转型,推动中小企业成为数字企业。我们在过去大量列举了企业的数字化案例,其中大多数是围绕中等偏上的企业,这往往不具备代表性。我们应该重视中小企业的数字化转型,并为此寻求适合的解决方案。综合中小企业的规模、人才储备、资金规模等因素,为其寻找到更具性价比的解决方案,而这些恰恰是最容易被忽视的。

　　本书重点围绕个体与中小企业组织在数字化进程中受到的影响及如何寻找最适合的解决方案展开阐述,并就数字经济发展中特有的模式、趋势做了非常具体的解析。希望通过本书,作为个体,能够通过理解数字化进程来发现与自己相关的事宜,例如新职业出现带来的机遇,数字工具的出现对工作效率带来的巨大变革,以及数字创作经济带来的发展机会,等等。作为中小企业主而言,当自媒体平台成为新的营销渠道,甚至是主要的销售渠道时,需要及时调整企业的经营策略来面对变化,在自媒体平台发展中,寻找新的机遇,已成为企业发展的契机。同时,在人力成本逐步增长以及不确定要素增加时,如何接入数字网络的协作体系之中,通过内部运营效率的变革提升企业存活的概率等,都是本书重点阐述的内容。

当然,任何场景变革或者技术发展的趋势,都离不开所处的时代背景,趋势就像是奔腾的大河中爆发出的惯性,而根据流动速度的不同,任何身处其中的组织与个人都难以保持原有的形态,最终都必然被惯性所影响,要么习惯其中的规律,要么退出,成为趋势中的牺牲者。这个场景曾在移动互联网时代发生过,有一个很形象的比喻——站在风口中,猪也能飞起来。虽然这个比喻并非很恰当,但却非常直接地说明了趋势的力量与惯性。

从移动互联网到数字时代,从在线化到数字化,两者之间有形式上的差异,更大的差异则体现在认知体系上,而带来差异的除了彼此的场景,还有技术发展带来的巨大变化。这里我们尤其不能忽略智能化工具带来的变化,大量应用智能化技术的数字软件已经逐步在各个领域普及,成为各自领域中提升效率的创作工具。例如文字创作领域,集成化的创作工具已经逐渐普及,可以实现一键生成,并可以自动适配对应的图片,甚至可以自动完成翻译等功能。例如 AI 绘画工具,可以根据关键词的描述生成非常好看的图片等,这些智能化工具的应用,目前尚未形成巨大的冲击力,但已经在部分领域对部分职业产生了不可逆转的影响。这个非常好理解,一旦人们适应了效率更高的工具,便难以回到传统工作模式中。

非常希望本书能够帮助到对数字化感兴趣的读者,可能你是大学生、"白领"、职业资深人士、中小企业的创业者,在本书有限的内容中,将会寻找到职业发展的机会,以及企业转型的新机遇等。

如果你是一位即将步入社会的学生,本书对数字化场景的解读,包括对一系列专业名词的诠释,则会帮助你快速理解数字化并掌握目前正在发生的技术场景,对你无论是择业还是创业,都会有一定的帮助。

如果你是一名职场"白领",则可能已经感受到数字化带来的影响,本书能帮助你很好地理解数字化带来的场景,让你提前规划职业发展。

如果你是一家企业的管理者或负责人,正在为如何提升效率而发愁,则数字化带来的若干技术方案可能会成为你的最佳选择,但是如何选择解决方案及有效利用数字工具来组建数字体系等,本书将为这些困惑带来答案。

如果你曾是一名互联网从业人员,正在被职业转型烦扰,则本书可能为你的职业规划带来新的希望。

当然,从更为广泛的影响来看,数字化带来的影响远远不止于此,并且技术还在发展之中,逐步将所有个体与组织挟裹在这股浪潮之中,形成规模前所未有的数字网络,成为所有人参与其中的协作网络。

同时,我们也应知道,技术发展并不会停止,我们也难以在特定的技术背景下永久生存。只要技术还在不断迭代,那么我们最终还需要适应不断变化的新环境,这需要我们以变化的眼光看待我们所处的时代与环境,灵活地去根据环境的变化而及时调整自己,并在新的发展趋势中抓住属于自己的机遇。

谢谢所有认真阅读的你们。

编　者

2023 年 10 月

CONTENTS

目　　录

第 1 章

中小企业的数字时代

阿里巴巴公司的"钉钉"算是很多中小企业内部办公最优的 OA（办公自动化）平台，在市面上还是付费定制时，互联网免费红利也影响到了 B 端市场，钉钉算是最早的先行者。

那时的企业微信叫企业号。公众号的早期有 3 个类别：订阅号、服务号、企业号。

没有能力组建自己运营平台的中小企业，早期非常依赖微信群实现与外部客户的联系与维护，而公众号成为承载公司对外业务的平台与面向客户的内容展示渠道。

企业内部改革的重点往往是绩效改革而非模式，技术要素并非是重点，甚至在轻量型企业中也难以得到重视。

2020 年，私域流量运营的重要工具 Wetool 被微信永久封停，随后腾讯公司将因疫情而逆势增长的"腾讯会议""腾讯文档"整合到企业微信之中，并由此诞生了一个名词：企业协同平台。至此，企业微信成为中小企业内外部管理、运营、服务甚至销售的综合性运营平台。

抖音之前的母公司字节跳动，曾以践行 OKR（目标与关键成果）闻名，其内部协作平台称为"飞书"，是在 2020 年开始对外开放，并疯狂进行推广，时至今日成为与钉钉、企业微信并列的三大数字运营平台。

1.1 一切数字化的时代

2008 年创立的 Rypple 公司开发了后来被中国本土互联网公司广泛使用的 OKR 管理方法，2011 年该公司被 Salesforce 公司收购。Salesforce 公司被称为国内 SaaS 服务商的导师，伴随着知识付费崛起的小鹅通公司则是这种模式下的本土化案例之一。

马克·贝尼奥夫与卡莱尔·阿德勒所著的《Salesforce 传奇》中曾这样描述了 Salesforce 公司的使命："软件终结"的使命和 NO SOFTWARE 的标志有效地传达了我们的差异化定位。

绩效考核是企业管理中的重要工具之一，也是衡量一家企业产出质量的标尺，从管理这门学科在国内推行以来，大量被西方企业成熟运营的绩效考核工具引进到国内的企业管理之中，但是繁杂的程序与数据填入工作一度成为企业内部管理中的顽疾，成为弃之可惜的无奈之举。随着互联网的崛起及其带来的模式影响，扁平化管理成为新的主流，但也带来了另一个问题，即通过数字工具实现的数据填入并非由上而下填充，而是由下至上的汇总，形成企业内部运营的可视化数据模型，帮助企业管理者决策。

这个场景非常类似 CRM（客户关系管理）系统的转变。从 CRM 到 SCRM（社会化客户关系管理）的转变，虽然名称上仅是一个字母的变化，但是内在逻辑关系变化极大，其中反映到数据层，是从静态数据转向动态数据，从内部视角转向用户视角，这个逻辑适用于内部与外部体系。

　　这个观点拆解后就会变得很容易理解。在内部管理中,传统的思路是从上而下的管理,员工的绩效考核往往由上级完成审核与确认,这是静态数据形态。动态数据形态则是员工因为需要跨个人、跨部门协作,根据需求填入工作分配内容与其他岗位或者部门岗位形成需求单,而完成需求单需要双方确认,互相验证;而从更高层级的岗位而言,能够清晰地看到整体的协作与产出关系与数据,如图 1.1 所示。

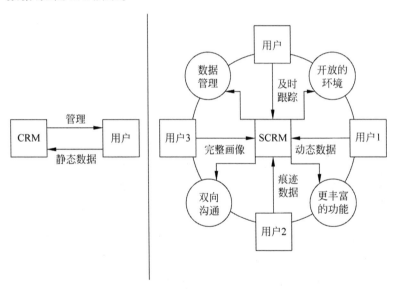

图 1.1　从 CRM 到 SCRM

　　动态数据逻辑反映到外部关系也是如此,传统 CRM 的逻辑是客户数据汇总各个渠道的数据,这些数据大量存在于 Excel 表格或者软件中,但是无法与用户形成第一时间追踪、跟踪、服务的动作。SCRM 的逻辑则是组织通过服务与产品获取客户的青睐,转而实现用户主动完善个人信息,添加到能够实现即时回应和及时跟踪的运营平台上来。

从 CRM 到 SCRM 的转变，当然也离不开一个更大的环境，即用户数据的保护日趋严格，传统的通过抓取或者授权用户社交平台信息的办法无法适用于新的环境。

某企业有 10 000 名高端用户，这些用户每个月给企业带来 100 万元营收，他们被记录在企业的 CRM 系统中或者 Excel 中，系统与表格中的数据量虽然在增加，但是对于企业而言，这些数据可用来保持与用户的联系以及对账，这些数据是非常典型的静态数据。如果对这 10 000 名用户进一步挖掘，会发现更多的数据，如汇总出占比 20％的用户贡献了 80％的收入，其中 30％的用户是在同一个省份，而该省份是高端用户聚集最多的省份等。数据转换为动能，影响企业的决策，这是目前绝大部分企业能够做到的阶段。再进一步，某企业建立用户分析模型，对关键数据进行跟踪，同时将重点数据可视化，所有用户群体的反馈都能及时传输到企业运营决策中，在这个环节，数据动态化了，这就是动态数据。

OKR 管理方法对中国本土互联网科技公司影响甚远，OKR在国内闻名得益于当时风头正盛的字节跳动这家公司，后逐步影响到大量的互联网公司中。有趣的是，与其他的管理方法不同的是 OKR 更适合以软件工具的形式呈现出来。

《OKR 工作法：谷歌、领英等顶级公司的高绩效秘籍》一书的作者克里斯蒂娜·沃特克这样描述 OKR："简而言之，OKR 起源于英特尔公司，后来谷歌、Zynga、领英、General Assembly（硅谷知名的创业教育公司）等公司使用后，都实现了持续高速的增长。在这里，O 表示目标（Objective），KR 表示关键结果（Key Results）。目标就是你想做什么事情（例如，上线一款游戏），关键结果就是如何确认你做到了这件事(例如,一天 2.5 万下载量或一天 5 万美元收入)。按照年度、季度设置 OKR 都可以,但一定要关联上公司的愿景使命。"

国内的项目协作软件服务商 Worktile,就冠以 OKR 方法成为国内最早的目标管理软件工具。字节跳动公司更是将自己践行 OKR 的数字工具"飞书"扩展到社会面,发展成为与钉钉、企业微信并驱的数字运营平台,如图 1.2 所示。

图 1.2　Worktile 界面

2020 年,因为疫情打乱了很多公司工作的正常开展,在线化办公解决方案成为 B 端市场的刚需,而在线会议成为最先爆发的软件应用。一直在 B 端市场落后于阿里巴巴公司的腾讯公司,依托微信生态推出的"腾讯会议"成为互联网下半场中最先出现的国民级应用,再加上"腾讯文档"这种超级工具,某种程度上腾讯会议与腾讯文档对推动企业微信崛起功不可没，如图1.3所示。

图1.3 腾讯会议软件界面

疫情成为数字化进程中的黑天鹅，互联网下半场的提出，只是判断了产业发展的趋势，但对于B端领域而言，数字化基础依然非常薄弱，不足以推动大部分中小企业转型成为数字组织。环境因素第一次成为互联网发展以来的最大变数。

数字运营平台成功替代OA平台，成为推动企业成为数字组织的因素。

泛微公司的转型是这场变革中比较经典的案例，作为国内OA领域唯一主板上市的企业，曾是钉钉的核心服务商。2020年获得腾讯公司的战略投资，成为企业微信战略伙伴。

夜莺科技有限公司对于很多人来讲可能很陌生，但是新媒体运营工具壹伴助手是很多人的图文排版与发文工具，深度与公众号整合，成为大部分公众号运营的工具。2020年成为企业微信的首批 SCRM 服务商之一,同年其推出的"微伴助手"获得战略级投资,如图 1.4 所示。

图 1.4 "微伴助手"软件界面

2020 年,随着数字运营平台的崛起,一场围绕 B 端市场的竞争催生了一批优秀的科技企业。与 C 端时代的明星效应不同,B 端市场的获利者很难用百万级甚至千万级的规模去衡量。我们也从中看到互联网上半场与下半场的区别,互联网的下半场更加务实与低调,本土互联网科技企业终于走向了服务的轨道。

产业中,虽然外资软件品牌依然在核心领域占据巨大的影响力,但是竞争线已经逐步触及核心区域,本土化趋势已经让大部分企业,尤其是中小企业能够获取更多的本土数字工具解决方案,当然与此同时带来的影响也很明显。基于云的数字软件,让付费成为必然的趋势,无论是个人还是企业,都需要面临支付更加高昂的成本,这个趋势与习惯需要耗费不菲的时间成本去培育。

数字化趋势,或者说数字化大背景下,如何通过数据化解决方案提升运营效率，以及降低传统高企的成本，是个人与中小企业必然面临的长期问题。

1.1.1　走向数字化

"数字创造"这个理念伴随着数字化进程而逐步成为一个普遍性的场景，它几乎覆盖了个人与企业、产业等各个群体，随着数字化的深入，数字创造必然会成为一个全新的思考途径与新的职业形式。

埃里克·谢弗尔与大卫·索维撰写的《产品再造：数字时代的制造业转型与价值创造》一书中对未来产品的特点归纳了如下4条：

（1）它们能够连接到云端且通常能与其他设备直连。

（2）它们具备机载处理智能，内置多种传感器。

（3）它们能依靠人工智能、语音识别和其他认知技术进行学习。

（4）许多产品将不再作为产品销售，而是通过成果导向型"即服务"业务模式进入市场。

数字时代的一个重要特征就是所有的生产制造非常依赖数字工具，数字工具成为产业端联网的重要终端，一旦数字工具成为必备的输出终端，那么创造能力将是个体和组织最重要的生存能力，没有之一。

在数字化进程中，最常提及的还有智能的数据。如果从微观层面看：数据的智能，实际上是借助数字工具实现终端数据能够及时与更为庞大的数据汇总，最终实现数据的海洋，再通过数据技术进行挖掘、整理、分析等，形成可用的数据反馈。数据流通的路径，本身就是一张巨大的网络,中间有细小的节点,也有稍微大一点的节点,而这些节点在更大的网络空间中,都可以定位为终端,这些终端的存在就是为了确保数据流的汇总。某种程度上,数据流的畅通是建立在复杂且成系统的终端体系之上的。

在讨论数据处理效率时,经常会思考:完全直接的链接与多个终端协作的链接,哪个更具效率? 这就像将自来水送到每户家庭中,中间需要经历很多中转站才能将自来水送到每家每户。

大数据也是如此。首先是尽可能实现最末端的数据收集,这样才能实现数据量的最大化;其次是汇总,反馈在企业端或者数字平台;最后才是在更大的系统中,也就是从个人,到企业、到服务商、到产业、到国家,最终汇集到云端,实现最终的统一。

云的出现,让大数据处理更具效率。在谈论数据安全时,经常会说到数据安全,这个安全不是指原始数据的泄露,因为数据中也存在无效数据,对于不同级别的组织而言,不同的数据也存在不同的商业价值。

《中国智慧城市导刊》中关于云计算与大数据之间的关系描述如下。

大数据处理大量的结构化、半结构化或非结构化数据,以进行存储和处理,进而进行数据分析,大数据可由 5 个方面来描述。

(1)数量:数据量。

(2)种类:不同类型的数据。

(3)速度:系统中的数据流动速度。

(4)价值:基于其中包含的信息的数据价值。

(5)准确性:数据保密性和可用性。

云计算以按需付费的模式向用户提供服务。云计算商提供 3

种主要服务,这些服务概述如下。

(1) IaaS(基础架构即服务): 服务商将提供整个基础架构及维护相关的任务。

(2) PasS(平台即服务): 在此服务中,Cloud(云)提供程序,并提供诸如对象存储、运行时、排队、数据库等资源,但是,与配置和实现相关任务的责任取决于使用者。

(3) SaaS(软件即服务): 此服务是最便捷的服务,它提供所有必要的设置和基础结构,并为平台和基础结构提供 IaaS。

亚当·斯密所著的《国富论》中有这样一段描述:"要想推动产业的发展,需要具有材料、工具和工资这三样东西,其中,材料是工作对象,工具是工作手段,工资是工人做工的动力。"生产工具决定了产出效率,但是生产资料的供应是决定产出效率的根本,从这个角度出发,人类进入互联网阶段之后,生产资料与生产工具都发生了质的变化,而这种变化将在元宇宙时代变得更加明显且突出。

1.1.2　数字能力,成为新的竞争力

很多人对 2022 年发生的一例事件感到莫名,即 UI(用户界面)设计软件 Figma 对国内一些品牌商封禁。互联网科技行业的从业人员大多知道界面及交互设计这个领域,而 Axure 才是这个领域影响力巨大的存在,但是无论是 Adobe 公司自己推出的 XD 还是 Figma,最大的不同在于交互与协同,这个看似弱小的变化,推动了一些轻量化但是更适合团队协同的软件成为该领域里的胜者,如图 1.5 所示。

这里不是表达软件的价值,而是从中反映出另一个值得思考的问题——数字能力已经成为新的竞争力。小到影响个人的职场竞争力,大到影响某个产业、领域,很多行业在遵循这个原则。

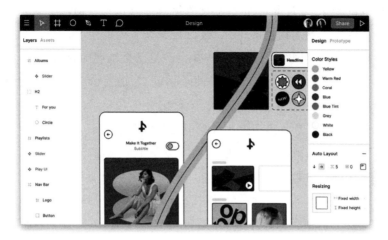

图 1.5　Figma 操作界面

洋山深水港是全球综合全自动化程度非常高的码头,最显著的提升就是过去一台桥吊需要配几十个工人服务,现在是一个工人可以服务几台桥吊。以前是操作工人在 50m 高空的桥吊控制室俯身向下操作集装箱,现在是工人们在后方中控室看着计算机屏幕就能把庞大的集装箱吊放起来。未来甚至有可能实现工人们远程控制,无须在现场。

流水线式作业法曾推动了大规模生产时代的到来,有趣的是计算机与互联网领域也存在一个蜂群思维,最为典型的落地场景则是网约车调度系统。出租车在面对网约车时几乎没有任何竞争力。

"蜂群思维是同时进行感知和记忆的分布式内存,是由许多独立的单元高速连接而成的一个活系统。"——百度百科。

这个场景非常接近分布式网络,但是存在距离。成熟的数字网络就是这样的成熟场景,用这个来解释数字能力带来的竞争力格局的变化，或许能够帮助大家消化与理解这个方面的知识。依托于数字工具而构建的个体，很像是独立思考的单元。通过数字平台接入数字网络，这与固有认知完全是两个维度的思考场景，所以对于能够熟练驾驭数字工具的个体而言，面对依靠传统技能经验的个体，后者几乎无法形成竞争优势。

将这个场景复刻到企业组织中也是如此。对于人力与运营成本处于相同水平的两家企业，如何在竞争中形成优势，这个场景在数字化进程中非常容易看到。如果其中一家企业能够通过数字工具构建起高效率的运营平台，依托相对智能化的工具，就能够在人力成本上形成巨大的优势，而这种优势是累加的，并会形成长期优势。

以上的场景案例，很容易帮助我们快速理解为什么数字能力会成为个人与企业新的竞争力。

在可预见的未来，尤其是在存量经济的时代，个人更像是一个组织，企业也更加人格化。数字企业将成为市场主体中最具竞争力的存在，这样的案例在欧美国家比比皆是。

1.1.3　数字化的底层逻辑

数字化是一场覆盖方方面面的改革，对于了解经济常识的人来说，都知道规模化产出会带来两个直接影响：

（1）边际成本更低。

（2）更适用于标准化，极大提升了产出效率。

个体产出与企业的产出，形成可视化、可标准化的数据，或者说在个体与中小企业为单元的数字网络中，更容易形成大规模的数字创造网络。

在这个过程中，我们无法忽略智能化带来的影响，这里不是要扩大智能化带来的价值，而是聚焦作为效率工具角色的智能应用。阿里巴巴达摩院发布的 2022 年十大科技趋势，分别是 AI for Science、大小模型协同进化、硅光芯片、绿色能源 AI（人工智能）、柔性感知机器人、高精度医疗导航、全域隐私计算、星地计算、云网端融合、XR（未来虚实融合）互联网，其中尤为值得关注的是大小模型协同进化、硅光芯片、星地计算、云网端融合、XR 互联网这几项技术的发展。

目前社会对 AI 的定义是让其成为工具，但是无论是协同进化的进程，还是能够突破摩尔定律限制的芯片技术，包括促进一切数字化的星地计算等，AI 作为工具，作为帮助人类解决大规模数据处理的工具，必然会随着网络的整体进化而一同进化。有趣的是，当在现实世界中不断讨论智能威胁论时，最终促成这种威胁逐步成为现实的恰恰也是人类本身。

AI 某种程度上是人类能够想象的终极生产力工具，但是与之前的工具不同，这次的工具是能够自我进化的，那么也就意味着未来可能会脱离人类的掌控。

AI 作为工具本身，是人类社会中从来没有出现过的。换句话说，人类从没有遇到过能够自我进化的工具，而工具需要进化的一切资源都是人类社会给予的，这是非常有趣的。更有趣的是：AI 作为工具，是否如数字工具一样为个体赋能？还是 AI 将不再是属于个体的工具，而成为团体的工具？

AI 被定义为工具的本身，实则就是明确了人人都可以使用 AI 来辅助对应的工作与其他需求。过去我们对智能的担忧更多的是依附一张网或者平台网络的智能，但是智能作为工具，也有个体所能使用的智能工具。当人们以这个视角看待智能时，智能的发展就绝不是一条发展轨迹那么简单，而是多线甚至并线发展的。

需要关注的不是 AI 工具会不会成为人们解决问题的关键工具，而是 AI 是否会如同之前的工具一样成为社会普及化的工具。如果是后者，则意味着一切 AI 化将成为我们这个社会向前发展不可逆的趋势。

关键问题是，当 AI 真的成为社会最重要的生产工具时，基于云、虚拟技术、超高性能芯片、高性能设备、高速通信网络（包括更便捷的通信设备）等能够促进 AI 自我迭代的所有条件都已经具备，那么偶然会成为必然，而这个必然就是 AI 技术的发展必然会在某个关键时刻迎来"奇点"。

所以，如果以更长远的视角去看待数字化体系，则会发现高度协同的数字网络将成为个体与企业依托的一张网，谁能够快速接入，便能够获取其中的红利，成为各自细分领域的佼佼者。

数字工具、数字平台、智能化将重新塑造个体的创造能力，改变个体掌握生产要素的能力。对于企业同样如此，这就是数字化的底层逻辑。

同样，不能一蹴而就地看待数字化进程带来的影响。对于个人而言，习惯的累积并不能在短时间内就可以发生改变。企业也需要时间去累积数据，并推动内部协同网络的顺畅与流畅，并为此搭建适配的运营流程。关键是一旦方向对了，其他往往会成为可以忽略的因素。

1.2　被数字网络挟裹的中小企业

────

在淘宝崛起的过程中,诞生了很多淘品牌。短视频与直播的崛起也是如此,并非是产品创新上产生了巨大突破。实际上更简单的是供应链的重构,通过新的分发渠道,诞生了新的品牌。

腾讯公司是短视频领域最早的参与者,微视的出现要比抖音与快手早,如同米聊虽然早于微信,但是微信借助腾讯社交网络的流量最终成为胜利者。微视与抖音又是另一个形式的竞争,与微信被称为移动互联网的船票一样,短视频仍是头部科技公司无法失去的阵地,所以才有腾讯公司矢志不渝地想要通过绝大多数的资源夺取这一领域的胜利。至于谁会获得最后的"船票",对于中小企业而言,关注的要点是这是一次流量的重新分配,将成为新的发展机遇。

当然无论是微信还是抖音,最初的出现并没有让大家,包括品牌商重视。因为原有的渠道体系与用户关系链并没有发生多大的改变,或者说这个过程本来还要更慢一些。不确定性是商业活动中出现频率最多的词,疫情这只"黑天鹅"加速了这个进程,成为不可逆转的趋势与潮流。

任何一次流量与用户时间新分配阶段,都将重塑很多品牌的生存环境与生态,这已经是被无数次证明过的事实。短视频既是一场事关流量的重新分配,也是一场事关企业数字运营模式的变革。从这个角度看,短视频对于个体与企业的意义是完全不一样的,这里的不同不仅是运营方式,还有思考方式。个人往往追求的是流量,可以灵活地根据热点去创造内容,而企业需要考虑的因素更多,例如可持续产出的内容,内容的形式如何与品牌、产品的特点相结合,以及产品变现的载体与通道是什么等。

唯一确认的是中小企业在变化面前往往都是被动式的,像是被趋势与浪潮挟裹而被迫向前推进一样。

1.2.1　一场被动式的迭代

无论是在线化进程还是"互联网+",其实是政策层与平台层将环境与平台开放,鼓励个人与中小企业主动接入,推动个体生活和工作在线化、移动化;推动企业业务与运营在线化、移动化。所以我们看到的是免费模式,快速跑马圈地,形成竞争优势之后再开启收费模式,所以 C 端市场的根本是流量生意,免费模式大行其道。从企业的视野看,用户在线化是为了推动用户服务与线上营销,自主选择互联网运营。

但是,线上与线下场景同样重要,甚至线下的变现能力依然高于线上,所以我们看到除了互联网科技企业,大部分传统企业并没有完全依靠在线化,只是将互联网作为工具,提升服务与管理效率,而非整个体系的依托。最直接的例子是疫情发生之后,短视频与直播兴起,但很多企业依然没有围绕在线渠道提供适配的价格与产品体系,由此给予了一些新兴品牌崛起的机会。

过去谈论一个阶段或者某个时代时,其实是以整个产业动态来衡量的。"在线化"与"互联网+"阶段围绕的是 C 端的竞争,这时无论是政策层还是平台层,绝大多数的"目光"围绕着 C 端,而非B 端。当然这与我们的国情有关,本土的互联网科技企业都是从 C

端市场崛起的。

一旦 C 端红利消失殆尽，B 端市场便成为新的竞争焦点，这个视角的转变会带动所有层面的眼光，无论是政策层还是平台层。当所有力量投入 B 端市场时，竞争所带来的红利也必将影响整个 B 端市场的主体。最为典型的是过去企业在线化时，完成业务与产品在线化，研发一直是巨大的难题，无论是人才还是在线软件平台的维护都是巨大的问题，这也是制约企业在线化的主要因素之一。

但是 B 端市场的来临，促使产业力量集中到这个市场，原先制约传统企业转型的因素会得到有效解决。大量的 SaaS 平台和低代码平台等帮助企业数字化的助力就是在互联网下半场出现的。

数字时代来临还有一个背景，也就是流量的增量几乎停滞，来到了存量时代。企业如果想要发展，则必然需要积极主动实现企业的数字化转型，而这次企业需要实现数字化的不仅是运营还有产品、渠道，甚至体系。

虽然不确定性因素成为最大的推力，但是巨大的趋势惯性，已经促使企业走上数字化转型的道路。当然，这次转型也与上次转型存在着巨大的不同。

1.2.2　全媒体运营的时代

全媒体是近几年兴起的说法，从自媒体到全媒体代表着自媒体运营不再是"斜杠青年"的专属。对于中小企业而言，全媒体运营已经成为衡量其竞争力的标志，从某程度上也可以说全媒体运营能力是中小企业新的竞争机会，即获得突围的机会。

全媒体运营时代的开启，内容创作替代了传统的广告，SEM

（搜索引擎营销）竞价模式也正在逐渐退出历史舞台。SEM竞价曾是中小企业获客的重要途径之一，很多企业的竞价推广费用不菲，对于互联网企业更是如此。

短视频内容形式的崛起，带来的影响不仅是改变了原先的宣发模式与场景，也深刻改变了SEM竞价这种自互联网时代以来的产物。

一切均可为内容，这种场景的变革并不是循序渐进式的，字节跳动公司崛起的核心优势则是算法推荐，这种内容宣发的模式已经被扩展到绝大多数的媒体平台。算法推荐带来的改变是用户进入媒体平台后优先看到的是算法推荐的内容而非关注对象的内容，这个看似很小的调整，让平台不再受制于达人，平台掌握了用户与内容的分发权限。当然也促使创作者（个人或者企业）努力产出优质内容，以便获得算法推荐，进而获得用户的关注。

无论是论坛、博客时代，还是伴随着移动互联网与智能设备崛起的移动媒体时代，达人的影响力是巨大的，甚至能够影响平台的决策与机制，那时是达人的红利阶段，我们熟悉的草根网红明星就是从那个阶段逐步走向舞台的。

算法推荐虽然也会造就网红（IP），但是网红难以长时间聚焦公众的眼球，走马观花现象成为算法时代的特征。用户的关注度，最终还是掌握在平台手中。

正是得益于算法推荐的优势，即便是开创了自媒体时代的微信公众号最终也推出了信息流模式，本质上就是算法推荐。

内容尤其是优质内容成为产品、品牌脱颖而出的载体，尤其是在数字时代，企业非常依靠网络渠道获得用户的新增，而媒体平台是企业走向网络的第一站，后面则是变现渠道的运营，一切最终还是指向生意。

淘宝在电商领域一度牢牢占据话语权,支付与供应链曾是阿里系的组合拳。实际上,鲜为人知的是媒体平台起步的早期,介入电商领域实现带货创收,借路的是淘宝联盟体系,而通过淘宝联盟体系在各个自媒体平台带货的达人也被称为淘宝客。今日短视频与直播领域的头部抖音,在其早期电商带货渠道也接入了淘宝联盟,之后逐步发展出自己的精选联盟体系。

媒体平台发展起来之后,随着国家致力于打破垄断、打通通路,各个媒体平台都开始构建属于自己的电商体系。今天,复杂的联盟体系与自营体系交叉共同丰富了电商生态。

电商变现的前置环境为媒体平台,也就是流量获取阶段,简单分为私域与公域,一个是用户进入由自己主导的社群或者平台之中;另一个是用户进入依托媒体平台搭建的用户运营平台之中。

产品变现的前提是流量运营,而流量的获取需依托媒体平台,所有主流媒体都投入人力运营,这是全媒体运营,而这已经成为企业媒体运营的必然选择。

不同的自媒体平台虽然都以内容为载体获得用户的青睐,但是内容的形式极其多样化,它可能是一段文字,也可能是一篇文字与图片的结合,当然更可能是一个短视频或中长视频,甚至是一段代码等,在一切皆可为内容的环境中,个体与组织的创作力被极大地释放了。与此对应的是创造的工具也变得极为简单了,一部手机就可以成为创造的平台,当然不可忽视的是创作软件工具移动化也成为助力。

以上这些复杂的场景,如果还是依靠人海战术,则将难以应付各个自媒体平台不断更新的内容与规则,所以伴随着自媒体兴起的还有一键创作与分发工具。

所以，全媒体时代一方面影响了个人与企业变现的路径与模式；另一方面用户的获取、服务等全流程的搭建也推动了企业借助数字化工具与数字平台实现集成化运营，降低时间与人力成本，提升产出效率，这个也佐证了数字化时代是一场在各方面促使个人与企业提升数字化占比的运动。

1.2.3　新职业带来的人才危机

A是一名优秀的项目经理，工作中能够创作出非常优秀且界面美观的模型图，时常被同事称赞。某天，A所使用的创作软件（Y）推出社区分享功能，旨在释放平台上近千名资深用户的创作潜力，提升新用户的转化。于是，Y用户运营给A发出了邀请，鼓励A通过Y创作一些可以分享的模板图，可以在设置免费与付费后共享给Y平台上的其他用户使用。A以尝试的心情发布了一些作品，设置了非常低的价格，没想到一发不可收拾，竟给A带来了远高于工资的收入，导致A考虑辞职，成为一名自由职业者。

自由职业者、斜杠青年等，这些因自媒体兴起的新称呼，已经成为社会中重要的组成部分，他们或曾是企业的创业者、高管，也可能是企业中某个专业岗位的技术人员。偶然间，通过媒体平台发布了一件作品而获得了收入，逐步成为一名自由职业者。

很多自媒体平台给予了创作激励，即根据内容的阅读量获取一定的收益，最差的也给予变现途径，例如1.2.2小节提到的带货途径，也是变现的方式。

如果短视频崛起之前的自媒体从业还存在一定的门槛，则短视频催生的数字软件工具以创作设备已经极大地适应了移动化，尤其是"轻量化"成为很多智能设备打出的新标语。

基于云的协同功能，已经深度影响了创作模式。苹果的设备通过 iCloud 能够实现跨设备快速传输，甚至可以通过 Mac 设备的键盘基于同一 WiFi 环境下操作 iPad 输入或者编辑内容。华为的多屏协同功能，在同一 WiFi 环境下，能在 PC 端实现操作同品牌智能手机的场景。在这样的场景下，一个人可以实现通过一台设备完成内容创作、编辑等复杂的工作内容，这在过去是无法想象的。

多样化的变现通道、效率工具的出现以及超大规模的用户群体等，在多种形态催生下，个人的选择变得多样化了。在线化阶段，我们国家几乎成为全世界联网人数最多的国家与地区之一，这就意味着任何一个人或者企业在一个细分领域出彩，就能够获得高于平均线的收入，这样的诱惑对于大部分人来说难以拒绝。

与此带来的影响则是，企业越来越难以招聘到合适的人才，尤其是短视频崛起之后，关键人才成为决定因素。高流动成为目前就业环境的标志。这种背景下，对于企业而言，如何通过更加符合实际的薪酬制度与管理制度来笼络人才，将是新的管理课题。

1.2.4　数字工具带来的效率诱惑

不知道大家是否已经发现，这两年高频使用的软件都是新的，甚至很多软件已经很久没有使用了。这种变化源自数字软件工具带来的新体验。

固有的技能晋升是需要付出巨大的时间成本的，因为环境等各方面的因素决定了一名新人如果要掌握某个专业技能，就只能通过不断地学习来掌握，在相当长的时间里，优质的技能学习渠道是匮乏的，甚至难以找到。在企业组织中，往往是通过成熟的岗位员工带新人实现技能的传承与学习。

本土数字软件工具能够快速崛起,在于解决了学习成本的问题,一方面提供大量的可编辑模板供用户直接使用;另一方面发动资深用户创作出更加丰富的可编辑模板供用户使用。这种新颖的模式虽然带来了版权的问题,但确实降低了用户的学习成本。

视觉设计行业因为需要掌握相关的设计软件,一度是专业门槛较高的行业,而因为设计类型的多样化,对设计师自身能力的考验极大。随着跨平台、跨端口设计平台的出现,极大地降低了设计门槛,尤其是对于中小企业而言,一名读者也可以在短时间内掌握设计能力,完成一件质量极高的作品。1.1.2小节曾提及过一款交互设计软件:Figma,后被 Adobe 公司收购。事实上,Adobe 公司自己也推出了一款同样功能软件:XD,但是依然没有竞争过Figma。同样,本土软件墨刀、Pixso 都是优秀的替代者。熟悉交互设计领域的人应该知道,曾几何时,Axure 这款软件还是交互设计领域的准入门槛,这一切的发生也不过是短短几年的时间。

大量资深用户涌入,提供付费或者免费的模块、作品供应给新用户,这样的场景几乎通用于所有领域里的数字软件平台,例如大名鼎鼎的 Git(代码托管与开源平台)也是如此,平台拥有大量优秀的程序员稳定地提供优质的代码,用户可以直接调用。数字软件工具在某种程度上降低了学习成本与准入门槛,更大变数还在于智能化工具的应用,例如 AI 自动绘画平台、AI 文字创作工具等。

当然,我们依然不能忽视的是很多可编辑内容,使用者只是获取了使用权,而非拥有权,这极容易导致版权纠纷等问题的产生。Git 平台上便出现过,因为开源代码的问题导致使用者所开发的平台、产品出现严重漏洞的案例。

另外，共享、开源虽然促进了创作，但是也意味着原创性变得更加珍贵了。格式化、标准化、工具化的作品，一旦让用户感到厌倦，那么原创就成为稀缺品，成为新的竞争门槛。

1.2.5　数字商业思维方式的革新

数字化带来的影响是多方位、多维度的，从战略到执行，包括决策。由此衍生了一个新的名词：数字思维。基于这样的视野下，传统从上而下的决策流程与方式，已经难以适用于数字化时代。

同样，新职业、新模式、新场景下的人员招聘与培养，也必将影响企业在创业阶段、发展、成熟等不同周期的管理模式。

新东方的直播间，创始人与主播之间的对话方式；社交媒体上，老乡鸡创始人与媒体运营人员的对话方式等，在过去的企业中是很难出现的。如今，这种方式在社交媒体上成为最为常见的景象，甚至创始人也需要亲临一线以运营者的形象出现，宣传自己的品牌，推广自己的产品。

以上的场景对企业运营带来了新的思考，一个影响是优秀的人才在企业运营中所起到的作用与影响力要远远大于普通人员；另一个影响是很多依赖传统渠道的品牌，不得不面对崛起的在线渠道，尤其是面向新媒体平台的品牌线。当然，协调线上线下渠道的产品线一直是制约传统品牌商在线化的障碍，传统品牌商与新兴品牌、个人不同的是，很多品牌的线下渠道面向的实则是 B 端，因此能够获取较高的收入，并因此获得品牌商更充分的政策支持。一旦品牌商在线化，也就意味着面向的群体需要发生改变，同时也意味着品牌商将需要具备面向 C 端的能力，而这恰恰是传统品牌非常欠缺的能力。从熟悉的领域脱离，进入陌生的领域，虽然意味着机会,但也伴随着风险。

我们经常说传统品牌商的在线化往往是被迫的,根本原因就在这里。还是那句话,趋势的力量体现在不因少部分人的意志而转移,而是推动着所有人朝着必然的方向改变。正如我们所看到的那样,短视频将自媒体这样的形式推到前所未有的高度,任何企业都无法再忽略自媒体带来的渠道变革。

数字时代,用人、宣传、渠道招商等所有环境都需要面临变革,以适应新场景下的业态与背景。

1.2.6 传统企业"消失"了

当一名个体创造的产出等同于过去一家中等规模的企业组织时;当一名运营人员借助智能设备与数字工具,通过数字平台可以同时服务上万名用户时,大家可能会惊奇地发现传统企业在消失,新式的数字企业正成为工商主体的新主力。

短视频与直播的出现,扶持了一批快速转型的企业与品牌,例如花西子。而深陷传统经营模式的企业,因为渠道模式变革带来的问题,正面临巨大库存的问题。因此这两年,我们发现很多熟悉的快消品牌正在消失,一些新品牌又正在崛起,而这些新品牌恰恰是通过新的运营方式实现了新的发展机遇。短视频与直播表面上是内容形式的变革,本质上还是流量的重新分配,并依托新的流量搭建闭环的商业生态。在新的生态建设过程中,必然会出现新的机会,新东方甄选是非常典型的案例之一,后续进入这一赛道的品牌商还会陆续挖掘这其中的机会。

关键在于任何新的商业生态在发展早期,都非常渴望生态建设,也意味着进入的门槛非常低。当然在这个过程中,传统的运营模式也难以适应这种快速的运营方式。

通过数字网络获取的客户群体与传统渠道体系获取的客户群体将呈现出完全不同的特征,面对的规模与运营方式也是不一样的。这些独特的特点,都将促使传统企业走向变革之路,并适应新的运营体系,这就是为什么说在数字时代传统企业正在消失,而与此对应的是搭建了新运营体系的新企业将获得数字网络发展带来的新机遇,当然也只有适应数字运营体系的企业才能在数字时代里获得生存的机会。

加盟体系及压货模式等传统企业非常依赖的商业模式正在被瓦解,通过数字平台习惯在线化的用户,他们的时间正在被牢牢粘在手机 App 中,只有快速接入数字平台,直接将产品面向用户才能快速占领市场,淘汰竞争对手。

1.3　从在线化到数字化转型

移动互联网时代,企业在走向在线化的进程中,最为经典的案例是手机品牌商,预售、限售等模式的出现都极大地提升了企业对在线化的关注,也促进了一波企业关于在线化的探讨。这些快速成长起来的企业创造了一系列新的商业名词,跨界由此诞生。这种模式的学习者,也被传统行业称为"门口的野蛮人"。

数字化是在线化进程的延续,并拓展了在线化运营方式的深度与精度。在线化是借助移动互联网实现品牌与产品在网络渠道获得宣传与销售,并在此基础上搭建自己的线上平台,提供更加综合性的服务,提升用户对品牌的黏性。数字化则是更进一步,将平台上的用户行为形成更加精准的数字模型,提升企业对用户群体更加精准的分析能力,以便提升对用户服务的质量。

对于没有能力建设自己的数字平台的中小企业而言,则需要借助成熟的第三方数字工具来搭建属于自己的数字平台,实现数字化运营体系,这就是从在线化到数字化的变化,以及对企业的影响。

如果说在线化推进了企业对网络的连接与熟悉,而数字化阶段,则代表着企业对网络的理解更深。

无论是跨界竞争,还是门口的野蛮人这种说法,只是加剧了传统企业的焦虑感,而没有带来真正的紧迫感。在线化更像是宽泛的场景介绍,无法像数字化一样,精准指向方向,并确定是不可逆转的趋势。

1.3.1　在线化与数字化的区别

数字化一词已经成为非常熟悉的词,高频地出现在媒体机构的文章以及政策内容中,但在如今新兴名词轮换出现的背景下,在线化与数字化时常成为不熟悉互联网领域的个人与企业难以清晰界定及区别的名词。

实际上,在线化与数字化像是孪生的兄弟,在线化指向宽泛,覆盖多个场景,而数字化对于企业而言非常清晰地指明了在线化的目的,在 1.3 节开始部分,我们简单提及过在线化与数字化的区别与差异,但在更为广阔的视野里,从在线化阶段到数字化阶段的变化会涉及方方面面。

其一,在在线化阶段,我们发现,企业在线化的土壤是贫瘠的,难以寻找到合适的基础支持。曾伴随公众号崛起的微站模式,则代表着在线化时企业在线化运营的条件。在数字化阶段里,我们会发现企业搭建数字化运营体系所需要的所有环节,都能够选择成熟的工具来推进目标的达成。

其二,通过在线化阶段,无论是个人还是企业组织,都对互联网的理解更深,对其中涉及的大数据及用户运营等非常具体的术语所代表的场景的理解也更加深入。这些基础才是今天我们谈论数字化的基础,也是数字化能够成为社会性话题的基础之一。

其三,基础性条件也不同了。无论是云计算还是底层操作系统等,数字化的基础生态造成的成本已经能够让大部分企业承受,也普及了相关的基础。

其四,认知体系的成熟。经过在线化阶段,大量的案例实践在丰富企业的思维认知的同时,也促进了企业更加成熟地面对数字化进程。

所以,我们发现在在线化阶段,提及最多的名词是思维模式、认知;而在数字化阶段,我们发现相关的技术性名词出现的频率更高,这充分说明经过在线化阶段,群体的认知能力得到了普遍提升。

当然,更多时候,我们在谈及在线化进程时,谈论最多的是 C 用户端联网的规模。在谈及数字化时,面向的是 B 端市场。

1.3.2　数字化转型的挑战

认知依然是最大障碍,正如 1.3.1 小节所描述的那样,数字化不是单一技术的革新,也非只是内部变革那么简单,从人、事、物、钱等多方面都在发生巨大的变化。

2018年，国内头部的财务软件提供商就开始了数字化转型进程。当然财务往往被定义为企业的后端，属于企业经营的最后一站。这里需要强调的是财务管理的数字化、自动化已经让很多财务岗位消失，财务岗位已经成为数据的管理员。

但是，更具挑战的是运营端与业务端，这两部分是中小企业自己完成的阶段。后端的财务数字化进程基本完成，已经打通银行这个环境，并开放了 API，方便企业接入业务软件，对于企业而言如果部署适合企业自身业务发展的运营流程，则面临人才的问题。从数字化阶段以来，人才一直是企业数字化转型面临的最大的挑战，这是一个全新的模式，而且企业的内在情况都存在各自的特点，市面上可适用的教程也非常少，很多出版的图书更乐于面向大场景与纯技术领域，认知迭代成为横在企业面前最难跨越的一道杠。

政策层致力于推动一张网工程，已经逐步触及企业的日常。一家企业的经营情况已经趋向于可视化，更多的参数已经可以构建数据模型。

个人所得税申报制度是我国在财税管理方面迈出的最重要的一步。对于个人而言，其所得面临更全面的合规管理，同时基于个人的大数据管理，个人所得涉及的薪酬与其他收入，包括个人参与的主体经营等行为，全方位的数据模型将为监管部门提供更加准确的监管依据与参考。

这样的变化意味着个人（可能也是经营者）必须认真对待所得的管理，而随着自由职业的兴起，个体户经营者等角色，无力聘用专业的财务管理人员，对应的围绕个人或者个体户、小企业的财务管理角色也将获得更广的市场空间。申报制度其实并不是新鲜事物,但对于国内的个人、个体化、小微企业而言,已经到了需要严肃对待的时候了,尤其是这会关联到自己的征信问题。

数字化网络构建在逐步完善的同时,我们也会清晰地看到产业格局也将层次化,这可能意味着中小企业未来都将在数字化网络中寻找到自己的定位与角色,成为整个网络中重要的创造节点,获得自己的经营空间。这个趋势也是推动中小企业数字化背后的动力。

产业的数字化还带来另外一种情况,即产权意识正变得重要,实际上产权意识在中小企业中一直处于被忽略的地位。数字网络的建成使产业的动态更容易在一张网中被搜寻,盗版行为可能无法再行之有效。这个在数字软件领域的变化尤为明显。一方面数字化软件本土化确实带来了成本优势;另一方面基于云的 ID 认证模式让盗版空间越来越小。

但是全面的数字化会将一些隐形的环节逐渐暴露在阳光下,这意味着中小企业的实际经营成本还可能增长。目前而言,基于国内的环境,很多中小企业不一定乐于支付数字软件工具的成本,而是将整个成本转移到个人身上,但这是极其短视的行为,也必然造成创造的作品私人化,基于云的软件,一个 ID 就可以实现跨设备、跨端口的同步。希望这个能够引发中小企业尊重版权,认真面对数字化带来的影响,尤其是对产权方面的重视。

综合以上的内容,数字化转型对于个人而言,意味着更多的选择,也造就了很多熟悉的岗位发生了巨大的变化,门槛在降低,个人很容易成为流程中的一个可替代的节点或者环节,不再变得重要,但是原创性创造正变得更重要,将成为非常稀缺的能力。对于企业而言,新的运营模式、新的人才聘用环境、新的产权环境和合规化趋势等都在促进中小企业必须认真对待数字化转型，并尽快搭建属于自己的数字化运营体系，以应对成本的增长，提升产出能力，获得自己的成长空间。

1.4 新经营与新管理

2017 年，从中央到地方已经在推进政务一张网，这样的部署非常具有预见性。一个小程序或者 App，就可以完成以前需要现场才能办理的事务，极大地节省了企业的时间与资金成本。

数字网络成为另一个等同于现实的存在。数字软件的发展，无论是会议，还是办公，都实现了随时随地及在任何场景下协同工作，在线办公场景虽然曾出现在互联网科技行业的头条之中，但那时还只是探讨与尝试，而今已经成为事实，协同工作场景已经完成了普及。可以预见，未来的创业形式更加灵活，形式也更加丰富，基于数字网络、数字工具可以实现不同区域的人协同创作。

这样的场景事实上对于个人而言，高性能的设备已经成为重要的工作场所，移动计算也伴随着智能设备性能的提升而呈现出高速增长。当然这也得益高性能通信网络的部署，无论是随处可见的 WiFi，还是移动网络流量都足以让我们随时随地办公，而这只需拥有一台高性能设备即可达到。

全媒体运营的场景让企业增加了一项新的品牌资产——媒体品牌。很多中小企业几乎选择个人 IP 与品牌并行运营的策略，而大部分自媒体平台对 IP 取名则相对宽容。IP 取名应该被视为品牌资产的一部分,而且随着全媒体运营成为个人与企业的标配,幼稚的名字也可能成为稀缺的资产。

数字化平台的搭建让企业内部的管理模式也在发生巨大的变化,工作过程及结果更加容易被追踪与衡量,这个也促使了个人必然需要将个人事务与工作事务分开。对于企业而言,企业的数据包括业务数据与用户数据这些重要的资产,更容易保存在企业的数字平台之中,而大部分企业的数字运营平台基本具有继承功能,更容易让用户数据批量迁移到任何内部账号里。

在这个过程中,我们依然需要关注自动化进程,例如通过 SaaS 软件搭建的分发流程与数字平台结合,可以实现全平台运营的能力。自动化场景是不同模块的协作,构建了围绕企业从前到后的全运营覆盖。

技术因素成为促成企业内部变革的动因,这是在过去没有出现过的现象,也意味着企业管理者不能再做纯粹的管理者,而是需要掌握一定的技术知识,才能理解与驾驭企业数字化转型。技术知识的含量已成为数字时代下新的高级人员聘用的衡量指标。大量的传统企业也正在改变新的聘用制度,具备互联网运营经验的人才正被传统企业重视,这个场景会影响到传统制造型企业。

对于企业所有人而言,理解数字化体系,更关系到一场涉及人、事、钱等事务的决策。资金的合理投入、运营所需要的决策流程、业务推广所需要的环节等,这些将成为企业经营者与所有者新的课题。

2022 年 11 月 8 日,工业和信息化部办公厅印发了《中小企业数字化转型指南》的通知,在《中小企业数字化转型指南》中明确指出:"当前,世界经济数字化转型成为大势所趋。中小企业是实体经济的重要组成部分，也是产业数字化转型的重点和难点。”如图 1.6 和图 1.7 所示。

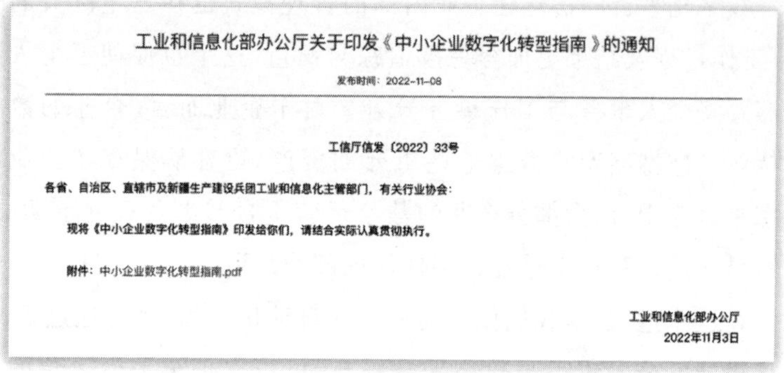

工业和信息化部办公厅关于印发《中小企业数字化转型指南》的通知

发布时间：2022-11-08

工信厅信发〔2022〕33号

各省、自治区、直辖市及新疆生产建设兵团工业和信息化主管部门，有关行业协会：

现将《中小企业数字化转型指南》印发给你们，请结合实际认真贯彻执行。

附件：中小企业数字化转型指南.pdf

工业和信息化部办公厅
2022年11月3日

图 1.6　工业和信息化部办公厅关于印发《中小企业数字化转型指南》的通知内容

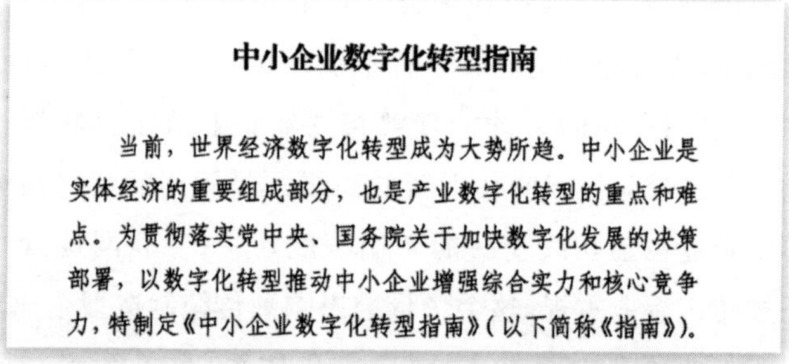

中小企业数字化转型指南

当前，世界经济数字化转型成为大势所趋。中小企业是实体经济的重要组成部分，也是产业数字化转型的重点和难点。为贯彻落实党中央、国务院关于加快数字化发展的决策部署，以数字化转型推动中小企业增强综合实力和核心竞争力，特制定《中小企业数字化转型指南》(以下简称《指南》)。

图 1.7　《中小企业数字化转型指南》的部分内容

第 2 章

数字化才是移动互联网的下半场

最早在 2012 年提出的"互联网+"理念,算是互联网与产业结合的开端。因各自的产业环境不同,本土的互联网首先是从消费端开始的,并由此完成了世界上最大规模的人口在线化进程,最为关键的是实现了互联网场景的普及。

当我们提及西方互联网产业时,往往聚焦于其产业互联网的优势,实际上从 Web 1.0 到 Web 2.0,本土互联网从最初的模仿者,逐步孵化出自己的特点,由此走向了海外。实际上,美国的互联网一直是消费端与产业端一起发展的,并非我们一贯认知中的谁前谁后的顺序,但因为中美具有不同的产业环境与消费基础,因此孵化出了不同的发展路径。

按照发展顺序,消费互联网之后被提及的应该是产业互联网。在中国本土又产生新的发展路径,产业互联网与数字化成为下半场的场景,而数字化成为新的主流,这样的转变导致数字化并非一开始就被广泛接受。尤其是从 2020 年以来,大量的新名词并行出现导致民众难以聚焦数字化,以及发现其带来的影响。与聚焦产业的视野不同,数字化是从个人到组织的全场景。

理解了以上的场景,就知道不能忽略智能终端的发展。大规模的智能终端普及,与互联网技术快速发展一起促成了更紧密的互联互通的数字网络形成,这才是数字化来临的背景。换句话说,我们今天不能从单一视角去看待任一技术场景。

2.1 从名言开始

2012 年,腾讯公司创始人马化腾在知乎提了一问题:整个人类处于互联网发展的哪个阶段? 下一个十年,互联网升级的大致方向在哪里? 而后不久,腾讯公司旗下的微信在同年年中用户数突破 2 亿,紧接着下一年初突破 3 亿,成为全球下载量与用户量最多的通信软件,更影响了绝大多数的企业在线化进程,如图 2.1 所示。

图 2.1 2012 年,腾讯公司创始人马化腾在知乎提的问题截图

2010 年,互联网头部企业将云计算仍定义为未来技术,而一直深耕于中小企业的阿里巴巴公司,在 2008 年就立项了云计算项目,成为目前阿里系中"护城河水位"最高的业务。云计算是产业互联网(包括数字化)的基础设施。

沉寂已久的马化腾借助知乎于 2018 年在发起的"互联网洞见者"活动中又提出了一个问题:未来十年哪些基础科学突破会影响互联网科技产业? 产业互联网和消费互联网融合创新,会带来哪些改变？2019 年又在腾讯内刊中提出了全真互联网理念。这两个理念引发了全互联网的热议,答案在 2020 年才开始显露,2021 年因为上市而爆火的元宇宙概念第一股罗布乐思,腾讯公司是其战略投资者。2020 年,借助腾讯会议与企业微信的影响力,腾讯公司的影响力已经从消费互联网切入产业互联网,如图 2.2 所示。

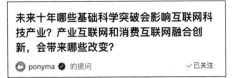

图 2.2　2018 年,马化腾在知乎提的问题截图

从以往的经验来看,互联网行业中头部公司的布局往往能撬动整个行业的业态,移动支付、网约车、短视频等领域均是如此。

腾讯、阿里巴巴、字节跳动三家头部公司对产业的聚焦关注,加速了产业数字化进程,快速让中国互联网从个人融入组织场景,让个人与组织连接到上云、互通的网络之中。

2.1.1　下半场为什么是数字化

围绕数字化场景与概念,目前反复提及数字化是非常需要的,也是必要的,因为数字化是影响未来 5~10 年发展的大事件,这个可以从政策层不断释放的信号中看出。更为关键的是,大家本已经熟悉互联网下半场、产业互联网,数字化这一场景的提出是能够成为概括这一切场景的最终总结。

我们认真分析一下就会发现,互联网的每个阶段都是伴随着关键技术的突破而迎来大发展的。移动互联网时代到来前出现了智能终端,尤其是 iPhone 的出现在某种程度上推动了从 Web 1.0

阶段切换到 Web 2.0 阶段。Apple 一手 iPhone 一手 AppStore,催生了移动应用市场的爆发,并推动了智能终端设备市场的崛起,到 4G 时代走到巅峰。智能终端设备尤其是智能手机,成为消费者手中的集成终端,成为绝大多数场景的体验中心与链接中心,如图 2.3 所示。

图 2.3　第 1 代 iPhone

大规模的智能终端与丰富的应用生态,为云计算、移动计算等新兴技术场景的落地提供了可能。阿里云之所以成为国内云计算的领头羊,根本原因在于内部业务的发展需求。云计算的落地进一步改变了产业生态,只有上云才能获得数据处理的效率优势,大规模的在云的大数据才能让大量的技术应用成为现实,而正因为更高的效率与较高的性价比促进了更多的企业上云,至此才能走向我们所畅想的一张网蓝图。

一张网的落地,就是数字化走进现实的基础。这个逻辑其实很简单,如果没有大规模的在线化用户,以及在线化习惯,产业就难以对在线化产生任何动力与兴趣。

产业组织与个人不同,即便是个人追求在线化连接,本质也是追求效率(便捷性)的一种形式。但是效率对于产业而言更加重要,所以为了更加有效地连接用户,处理数据,对体系化与系统化的运营体系的追求成了必然,而在这个过程中又催生出为效率而生的数字工具,这个过程导致的结果则是孕育出更加精准化、系统化、流程化的新互联网场景,这个就是数字化场景,同时意味着孵化智能的基础条件成熟,成为智能应用的基础。

2.1.2　提前出场的数字化

正如 2.1.1 小节所说,数字时代到来的基础条件已经成熟,但按照正常的进度不会那么快,疫情成为催化这一切提前到来的因素。

2020 年之前,B 端市场一般被认为是阿里巴巴公司的优势领域,C 端市场则是腾讯公司的优势领域。阿里系面向 B 端的服务除了阿里云之外,钉钉也是阿里巴巴公司的另一款企业级服务平台。在企业级服务市场中,钉钉算最早将免费模式导入 C 端市场,钉钉也成为企业级服务市场中的一匹黑马,成为中小企业的首选。

在相当长的时间里,在企业级服务市场,腾讯公司没有一款应用能够实现突破。契机在 2020 年,腾讯会议的出现瞬间成为年度爆款应用,并成功打入企业级服务市场,而微信生态中关于私域社群的管理,则将企业微信推到更重要的位置,如图 2.4 所示。

软件服务商,尤其是面向企业级市场的软件开发商,过去一直独自承担着分发的任务,而随着企业微信、钉钉、飞书等企业级数字平台的出现,改变了过往的这种模式。大量的企业级软件开发商被认证为这些数字平台的服务商,成为企业微信、钉钉、飞书这

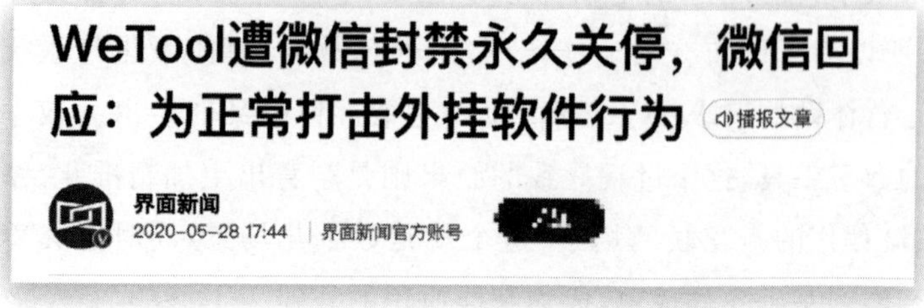

图 2.4　界面新闻关于 WeTool 被封的报道

些平台搭建的生态中的一分子,面向其用户群体提供软件工具服务,这有点类似面向 C 端的应用商店的分发模式。

数字平台推出的企业级分发模式,彻底改变了企业级软件采购中不透明与付费难的问题,同时也借助其规模化的优势,为企业级软件开发商提供了一个集中分发的渠道,当然某种程度上也进一步提升了数字平台对企业级用户群体的影响力。

以上的场景几乎是在很短的时间里完成的,得益于消费互联网阶段的培育与发展,为 B 端互联网发展提供了大量的对互联网应用非常熟悉的用户群体。

规模化的互联网原住民,产权意识的觉醒、良好的付费习惯,尤其是对虚拟付费的较高接受度,体现了高效率的数字平台是集成化、透明化的软件分发平台。疫情催生的在线化刚需,协同网络的初步建成等,这一切推动了数字网络的初步搭建,数字化的来临既有巧合,也是必然。

2.1.3　嗅觉灵敏的头部互联网科技企业

腾讯文档面世时,当时的笔记应用市场已经竞争激烈,无论是新生的石墨文档、一起写还是老牌笔记应用品牌印象笔记和有道笔记等，用户拥有足够多的选择，所以当在朋友圈看到腾讯公司创始人对腾讯文档给予那么高的评价时笔者对此充满不解，如图 2.5所示。

图 2.5　腾讯公司创始人马化腾对腾讯文档的评价

当字节跳动公司推出飞书时，铺天盖地的在线广告被认为是字节跳动公司想介入阿里巴巴公司传统优势领域的业务策略，并没有将其与更大的野心相匹配。

WeTool 被封杀时，几乎成为热搜。微信生态一直是私域流量的替代词。微信群成为大部分企业用来内部沟通或者对外服务的重要工具，当然还包括企业基于自己的微信公众号开发的 H5 与小程序生态，这些都被视为私域流量重要的载体。

这一切疑惑都在 2020 年获得了答案，但围绕企业级服务市场的竞争实际上在大家想明白后已经结束，企业级数字平台的格局已经基本奠定。钉钉、飞书、企业微信成为中小企业数字平台的选择。甚者，微信更为彻底，彻底打通了私域流量的运营体系，从公众号、H5、视频号到企业微信的所有体系实现了彻底的互联互通，并让企业微信成为最终的承载与运营平台，再一次巩固了微信生态在面向企业级服务市场的地位与影响力,并间接地推动了腾讯云计算业务的发展。根据行业权威研究机构 Gartner 发布的 2021 年全球云计算 IaaS 市场份额中,腾讯云已经位居第六位,如图 2.6 所示。

全球云计算IaaS市场,2021				亚太云计算IaaS市场,2021			
排名	厂商	IaaS营收(美元,百万)	份额	排名	厂商	IaaS营收(美元,百万)	份额
1	亚马逊	35,380	38.92%	1	阿里云	8,465	25.53%
2	微软	19,153	21.07%	2	亚马逊	5,238	15.80%
3	阿里云	8,679	9.55%	3	微软	4,652	14.03%
4	谷歌云	6,436	7.08%	4	华为云	3,963	11.95%
5	华为云	4,190	4.61%	5	腾讯云	2,544	7.67%
6	腾讯云	2,585	2.84%	亚太		33,161	100%
全球		90,894	100%	数据来源:Gartner, Market Share: IT Services, Worldwide, 2021			

图 2.6　行业权威研究机构 Gartner 发布 2021 年全球云计算 IaaS 市场份额

2.1.4　还没开始已经结束的竞争

2022 年阿里巴巴公司发布的第二季度财报中显示,云计算(包括钉钉)业务已经跃居阿里巴巴公司的第二大业务,而数字经济及产业互联网则被阿里巴巴公司给予厚望。同样,在另一边的腾讯公司财报中,代表数字经济的业务表现得非常亮眼,成为腾讯公司成长的新引擎,其中腾讯云已经成为国内云计算市场的第二服务商。

这些成绩充分说明了两个问题:一个是数字化及数字经济已经成为公认的发展趋势;另一个是对于头部科技公司而言,尤其是对国内的头部公司来讲,数字化及数字经济已经成为目前及未来必须抓住的重点领域。

实际上,从这时起数字化的头部竞争基本已经结束,但是对于个人与中小企业而言又意味着新的开始:

（1）头部的竞争反而能释放出更大的红利给个人与中小企业，而中小企业正是这些头部科技企业发展的基础，尤其是依托中小企业发展起来的阿里巴巴公司。

（2）头部科技企业作为平台搭建者，也必将需要大量生态发展所需要的创作者，为生态提供更加丰富多彩的内容与工具等。

（3）新竞争格局意味着必将催生出大量的新职业与新机会。

所以，头部的竞争虽然结束，但也意味着数字化及数字经济带来的新趋势新动能必将成为个人职业选择及中小企业发展的新机遇。

2.2　腾讯公司的新"船票"

移动互联网时代有个"船票"的说法。腾讯公司的微信被称为移动互联网时代唯一的一张完整船票，微信成为腾讯公司在移动互联网时代最大的基础流量池。短视频时代，腾讯系挑起大梁的最终还是微信推出的视频号，与其他短视频平台不同的是，腾讯系的腾讯云、公众号、企业微信等共同组成了面向企业级市场的王牌组合，形成企业不得不依托的组合运营工具。

数字时代里，微信的影响力依然不可小觑，作为超级流量池的微信依然是腾讯系面向企业级服务最重要的抓手，没有之一。无论是腾讯会议，还是企业微信，能够短时间崛起的背后都是微信生态所牢牢掌握的流量池。如果再算上支付，基于公众号的 H5 生态、小程序、视频号等，微信生态已经成为国内唯一能同时面向用户级服务与企业级服务集成于一体的数字生态,这个与当年阿里巴巴公司打造的信用、支付、云计算等生态体系不同的是,腾讯公司拥有对用户高度黏性的社交生态,这个流量池在互联网增量时代的作用不显著,但在存量时代的价值非常凸显,所以在用户体验上,阿里巴巴公司的服务会更加主动,运营上也会积极主动,底层的逻辑决定了业务层的行为模式。

2013 年,在百度世界大会上,百度公司推出了一个全新的移动应用——LAPP 轻应用,一种不用下载就能使用的应用。轻应用后又衍生出快应用、微应用、小程序等。2017 年,微信正式推出小程序,小程序成为这种即开即走的应用形式的替代名词。2020 年,苹果公司在发布其 iOS 14 时,正式推出了类似的应用——App Clips。小程序至此成为中小企业搭建其数字体系的一种重要形式,虽然因为其开发容量较小深受非议,但与独立 App 相比仍具有安装文件小,开发成本低等优势。对于很多中小企业而言,小程序与 H5 结合,极大降低了其搭建数字平台的门槛,如图 2.7 所示。

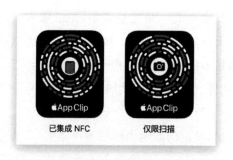

图 2.7　Apple 推出的轻 App 码

从移动时代到数字时代,腾讯公司以其敏锐的嗅觉,每次都抓住了时代发展的红利,即便没有成为先行者,但依托流量优势也形成了后发优势,成为重要的参与者。无论是面向用户级服务的互联网时代还是面向企业级服务的互联网时代,腾讯公司手里的资源都是最多的,也成为数字时代里,中小企业发展必然所需要选择的数字平台体系之一。

2.2.1 黑马:腾讯会议、腾讯公司的幸运

2020 年的疫情来得非常突然,对于很多中小企业而言,如何快速与因为疫情而分布在各地的团队成员快速联系上,并规划新一年的工作内容成为当务之急。更早时,微信已经可以在群里发起多人视频会议,面向用户级服务还可以,但是企业级的会议,涉及的功能更多,例如人数规模要更大、会议笔记和发言顺序控制等。

大众对腾讯会议的印象是伴随着疫情的出现而突然爆发的,实则在 2019 年 12 月底,腾讯公司就推出了腾讯会议,同时间里面向多人在线会议的应用其实不少,最后都败在本土化体验上。当然不可否认的是作为腾讯系的一员,腾讯会议能够实现与微信生态打通,快速接入会议的腾讯会议明显拥有其他应用不具备的优势,尤其是用户通过微信生态的链接就能快速接入小程序,从而实现快速登录及参与会议。对于很多不熟悉互联网应用操作的人群来讲,极大地降低了使用的门槛,也因此腾讯会议成为所有会议应用之中,接入最快速的会议应用。这种跨端口无缝衔接的体验形式,让腾讯会议成为无可替代的会议应用,成为腾讯系众多应用中,用户增长速度最快的应用之一,也独立发展出属于自己的体系,如图 2.8 所示。

图 2.8　腾讯会议的产品服务体系

　　腾讯会议之前,微信一直是腾讯系中发展最为快速的超级应用,事实上腾讯会议的发展速度更快。而后,对于中小企业而言,企业微信作为集成化的数字平台,会议功能的加入在某种程度上提升了企业微信作为企业数字运营中台的价值与作用。腾讯系面向企业级应用整合在企业微信之中,尤其是在用户级市场也拥有大量用户的应用,这样用户的学习成本更低,增加了用户使用企业微信的意愿,也增加了企业使用企业微信作为其数字运营中台的意愿。

　　腾讯会议的诞生过程与之前的微信、支付宝的崛起不同,这是腾讯公司少有的一次战略性突破。虽然特殊时期所造就的环境成就了腾讯会议,但仍要佩服腾讯公司的敏锐度,能在早期就发现会议应用的价值,尤其是作为头部科技公司,第一次采取积极进取的方式实现突破,不得不说是一次巨大的勇气。当然任何机遇都离不开时代发展带来的红利,结合特定的时期里所萌生的机遇,任何大的突破与其说是战略视野,不如说是一次巨大的幸运。

2.2.2　被低估的腾讯文档

　　无论是举办活动的接龙还是针对产品的问题调研,甚至包括撰写方案和演示项目等,笔记应用早已脱离大众所理解的应用范围,笔记应用发展到今天,已经不仅仅是作为文字创作的软件工具,还增加了很多功能。

腾讯文档问世时,腾讯公司创始人的那张被广为流传的朋友圈截图曾传遍互联网圈子。当时,腾讯文档所获得的评价是超越大家认知的。因为类似的应用太多,腾讯文档在体验上难以说得上优秀,尤其是石墨文档在前,笔记应用焕发出新的发展前景在于云计算场景的普及,协同工作与分享成为新的应用场景,如图 2.9所示。

图 2.9　腾讯文档应用界面

时过境迁,以今天的视野再看,腾讯文档已经超越仅仅作为笔记应用的角色,成为类似超级平台的创作工具。笔记应用之中,超级笔记的形态已经成为主流笔记应用的标配,但是将笔记应用发展成创作平台则是新的笔记应用崛起的因素。

那么,我们如何定义超级应用与创作平台这两个不同的角色融为一体的应用呢?超级应用可能更容易被定义,过去对拥有极大用户规模的应用都被习惯称为超级应用，超级应用几乎影响着我们生活的方方面面，以致我们难以离开，例如支付宝、微信、抖音、12306等，它们是我们购买新手机后会在第一时间内下载的应用。而今天我们定义的超级笔记则体现在功能上，即面对那些超过原本熟悉的功能，进一步扩展成全方位，能够满足多个应用场景的应用也能称为超级应用。创作工具很简单，随着互联网进入存量阶段，产业对追求大规模用户增量的诉求转变成创业者与企业组织愿意投入某个细分领域，深耕其中，受益于我国庞大的在线用户的规模，导致即便是在细分领域获得一定影响力之后，也能获得规模级的用户群体，再通过更综合的服务，也能获得更好的变现模式。像创作工作这样的应用因为存在海量的需求，所以成为数字时代里非常受产业公司与用户青睐的应用类别之一。

从中小企业的视角去看待腾讯文档的协同作用，我们会发现腾讯文档几乎是效率工具的代表，可以使用腾讯文档安排工作任务，创建协同文档、撰写文档、演示文档、填充数据，包括收集表等，在腾讯文档最新推出的本土文件夹与本地演示文件修改与编辑功能时，事实上已经将腾讯文档朝着创作平台的方向发展。

中国本土的互联网企业都非常乐衷于创造出超级应用这样的软件应用，我们去看支付宝，从支付工具走向生活缴费、基金理财、保险等，即便是抖音，也集成了电商和本地服务等综合服务。笔记应用不仅是腾讯文档，还有语雀这样的笔记应用也在走向超级工具的形式。这不得不说是中国本土互联网所表现出的最大特色，而对于用户而言，超级应用的出现，也避免了多重付费的问题。集成与分布的产业环境都存在某种弊端，所以我们越来越发现，选择成为新的竞争力，包括个体与组织。

2.2.3　企业微信的速度

智能手机时代,很多用户喜欢安卓手机的原因之一就是安卓系统的可玩性高,尤其是能够安装很多有趣的 App,但苹果公司推出的 App Store 模式终结了盗版应用。当年这个过程并非是瞬间发生的,而是伴随着使用习惯与环境变化而逐步让用户养成了从官方应用商店下载应用的习惯,如图 2.10 所示。

图 2.10　App Store 模式

面向企业级市场与面向 C 端市场有很大不同,因为很多专业软件高昂的费用成本,所以依然是盗版横行的天下。盗版软件虽然降低了费用,但安全与稳定性成为新的问题,尤其在一些专业领域。对于企业而言,稳定性决定了效率,也决定了产品或者项目的成败,所以我们能看到这样一种现象,中等规模以上的企业愿意为正版软件付费,而中等及以下规模企业很少采购专业软件,在解决问题时,往往要求员工自己解决,这样存在的问题便转移到了个体身上,这也是产生盗版的根源之一。

Cloud 这种形式被普遍应用于所有的专业软件之中,即 ID 成为所有同品牌下的通行证,同时付费方式的变革,也让用户逐步接受为专业软件付费。无论是 Adobe,还是 Office,甚至包括 JetBrains 等专业工具开发商,如图 2.11 所示。

图 2.11　JetBrains 的 Toolbox 应用

费用对中小企业的困扰尤甚,能够满足一家企业所有运营、产品、销售所需要的专业正版软件费用,累计起来的成本十分高昂,更关键的是为专业软件付费还没成为企业的习惯。当然,成本问题也成为很多专业软件品牌普及化的拦路虎,某种程度上给予了更具性价比的国产软件崛起的发展机遇。大家熟悉的微软 Office 成为最早"吃螃蟹"的软件服务商,基于云服务的付费模式给予了用户可以用相对低成本使用专业软件的机会。成本与习惯成为阻碍中国本土企业数字化的最大阻碍,从另一个视角看也成了国产软件崛起的机会,依托工程师红利能够提供更具性价比的软件工具,这就是我们这两年看到的现象,大量的本土软件工具正在崛起。同时,在数字时代里,软件工具也成为最先享受到发展红利的领域。

　　在数字时代里,上云成为所有专业软件的共识,ID 成为通行凭证,也成为破解盗版横行的一个选择。巧合的是,数字时代带来的新运营与新创作模式,对创作软件的要求是追求更轻、更便捷,包括协同性,本土化的软件品牌根据新环境快速迭代,迎来了发展的红利,如图 2.12 所示。

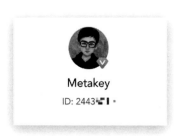

图 2.12　ID 成为同一品牌下所有软件的通行证

　　2020 年,字节跳动公司的飞书、阿里巴巴公司的钉钉、腾讯公司的企业微信为了快速抢占数字化的发展红利,促使各自企业级用户深度捆绑在各自平台上,推出了服务商的认证体系,尤其是企业微信给予加入企业微信的所有软件服务商史无前例的激励政策,如图 2.13 所示。这是腾讯公司第一次借助渠道的力量推进企业级用户快速连接到其平台上来。巧合的是,企业级软件应用市场被一种新的分发模式改变了,从应用商店模式到基于数字平台分发的模式,其影响主要分为 3 方面:

(1) 赋予了企业用户更加自主的选择,价格更加透明。

(2) 企业 ID 成为新的认证身份凭证,企业级应用正式可以成为企业资产的组成部分,以透明的方式明确了归属。

(3) 因为本土化的优势,本土软件开发商迎来了新的发展机遇。

图 2.13　企业微信开发者中心

今天,对内,企业微信已经成中小企业管理自动化平台,如文档共享、用户数据管理和审批,甚至包括企业级对外电话等功能,基于这些我们能够预见企业级的无纸化办公场景事实上已经具备实现的基础；对外，无论是收款还是基于企业微信构建上下游关系，集成化用户服务，打通视频号、公众号的媒体运营体系，包括打通原先通过个人微信组建的私域流量体系等，企业微信一步步成为中小企业不得不选择的数字运营平台。

企业微信正如微信一样，成为企业级市场的另一个超级应用，一方面是企业；另一方面是企业用户所需要的上下游体系，由此成为推动企业成为数字企业的载体。换句话说，企业微信、飞书、钉钉等数字平台的出现，促成了中小企业成为数字组织的动力，而在数字化的大背景下，在提升效能成为企业组织最大诉求的前提下，数字组织成为绝大多数企业生存与发展的唯一路径，这个趋势已经难以逆转。

2.3 多个技术场景并行的阶段

从 2020 年到现在，新的技术名词频繁出现，令人目不暇接，思维认知的门槛越来越高，这也意味着一家企业组织的所有者与经营者在面对企业经营时需要思考更多的要素，时代的发展对企业经营者与管理者带来了不一样的要求。

如何面对不确定性一直是企业家或者创业者迈出第一步时就需要学习的知识，也是走上创业的前提。面对复杂的产业发展环境，我们仍需要清晰地知道抓住关键问题才是核心，才能释放创业者与企业家的精力与时间。追风口固然有其必要性，然而企业的发展一方面需要考虑其发展规模等现实问题；另一方面也需要思考其资源、人才、资金等方面的实力,视环境与情况做出对应的反应,包括选择。

在多种技术场景并行的环境里,如果我们加以解析,则会发现数字化是核心,快速连接到数字网络之中,构建适配自身企业发展的数字运营体系才是重点,也是根本。

2.3.1　产业互联网、元宇宙、数字化并存的时代

互联网时代以来,可能很少遇见如此多的技术名称与应用场景并存涌现的现象,对涌现的权威解释是一种从低层次到高层次的过渡,是在微观主体进化的基础上,宏观系统在性能和机构上的图片,在这一过程中从旧质中可以产生新质。1923 年,摩根在其著作《涌现式的进化》中写道"涌现(尽管看上去多少有点跃进)的最佳诠释是它是事件发展过程中方向上的质变,是关键的转折点。"

产业互联网是发展的必然趋势,一手用户一手产业,互联网的属性决定了只要具备条件,互联互通是可以预见的结果。C 端的在线化进程、云计算的普及、大数据技术的成熟、数字平台与数字工具的崛起、移动计算技术的成熟、高效率通信网络的普及等,大量成熟技术的普及,促使现实虚拟化(现实向虚),这里的虚是网络化、虚拟化,因为连接而造就的虚拟网络空间规模已经足以容纳足够多的互联。诸多技术走向成熟,以虚拟空间为代表的新生态(元宇宙)也孕育而出,元宇宙所代表的虚拟化趋势本质上也属于数字网络诞生后的新场景,是更深一步的生产力方式。

从数字化、数字经济,再到数字网络等,这些新颖的名词的背后,事实上也预告着数字时代这个大时代的来临。黄奇帆、朱岩、邵平编写的《数字经济:内涵与路径》一书中有这样的描述:首先

从规模上看,数字经济时代人类聚集的规模是历史上从未有过的。随着网络渗入每个个体的日常行为之中,人类突破了物理空间的限制,转而可以在数字空间中聚集在一起。随着聚集规模不断扩大、影响深度不断加深,人群形成了一种新的聚集形态:虚拟社会(Virtual Society)。虚拟社会中的人群聚集规模是工业时代无法比拟的。例如,2019 年,微信的活跃用户数就已经超过 10 亿,Meta 的活跃用户数超过 15 亿,WhatsApp(瓦次普)的活跃用户数超过15 亿,淘宝的活跃用户数超过 10 亿。这些用户就如同生活在同一座现实城市中的人,生活在同一个网络空间里,用一种不同于城市生活的方式沟通、交易、学习、成长,从而在这个空间中形成新的文化、新的共同价值取向、新的消费习惯和消费模式等。于是,新的市场在虚拟社会中诞生了。

数字时代一方面揭示了互联网发展以来更高效率的互联互通的时代来临;另一方面也呈现出互通有无,打破互联桎梏的时代到来。在这个背景下,以 AI 为代表的更高效率的生产工具也正在发展之中,自动化与智能化的未来,已经慢慢地呈现在我们的视野之中。

2.3.2　货币数字化、技术平民化,一切都加速了

即便是再跳跃式的发展,技术迭代的路径依然遵循其客观规律。移动互联网阶段孵化的移动支付,给我们带来了去现金化的金融生活。那么数字时代,数字货币的出现也是数字经济中最重要的一环。效率是数字时代里呈现出的特征之一,基于数字网络的互联互通,如果想要实现更低成本,更便捷运行,更智能化结算,则货币的数字化将是最基础也是最重要的一环,无人可以忽视这

个结论，如图 2.14 所示。

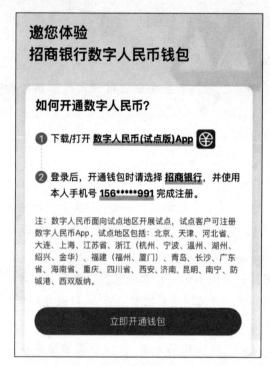

图 2.14　数字人民币正在走进我们的生活

以区块链技术为代表的数字货币自由时代带来的技术与知识的普及，其历史性任务已经完成，未来可能仍以某种形式存在，但是世界数字货币的发展趋势，将由主流主权国家的意志为主导，所以数字人民币，包括数字美元的出现就是面对这种趋势的预判。因为货币主权涉及一国核心利益，所以不容忽视，也不能因此出现巨大的误判，导致财产的损失。

当然，相对于货币数字化，对于大众而言，更应该关注数字货币技术衍生出来的数字资产概念，这个概念未来将对企业资产的定义产生巨大的影响。

如果以上的场景对于大部分个体或者中小企业主而言过于宏大与久远,则技术平民化这个趋势更值得关注。超级个体现象本质上就是技术平民化的代表。

依托于数字工具与数字平台,个体的能力将成倍提升,而随着AI 工具的辅助,这个数值还将放大。能够快速适应新技术场景,并能够快速学习应用的个人与组织,将获得更高的竞争力,这也将是无可争议的现实。那么,由此带来的影响是显而易见的,这里不再重复。

我们是否还有这样的一种感受,不知不觉中,无论是通过网络媒体还是现实,我们发现大量的岗位内容正在发生变化,甚至环境越来越要求个人掌握更综合的能力,而非单纯专一的能力。大量的技术场景的并行出现,给我们带来的另一种感受是一切在加速。

大量在线化的生活场景,让大众陷入沉浸式的虚拟体验中,由此诞生了两个名词:时间碎片化与时间加速。带来这种精神感受的其实是大脑每天连接的信息量急速增加了,我们处理与分析的时间增加,带来了时间加速的感知。

一切加速了这种感受也遵循着同样的感受,一方面是疫情这只黑天鹅与经济周期调整带来的经济降速;另一方面是与自己距离较远的场景中,大量的新技术与技术场景正在落地之中,自动化与智能化正走向现实。无人化、流水线等模式正在重塑企业组织,数字工具与数字平台带来的时代红利正在批量造就超级个体案例。这些现象,如果还在传统行业之中,则可能感知不强,但是在数字网络中,信息呈爆炸式呈现,视野中的感受还是很强烈的。

所以在某种程度上,目前的时代充满极强的割裂感,一方面现实越来越远；另一方面虚拟越来越近。虚拟作为新生场景,大量迸发出的新知识、新认知刺激人们面向陌生领域去思考及探索,带来的时间成本越来越大,所以造成时间流逝加快,因此感觉到一切加速了,如图 2.15 所示。

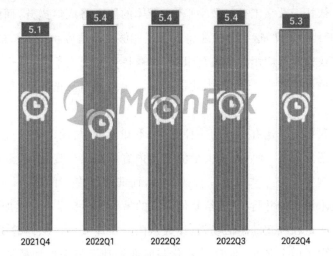

图 2.15　移动网民人均 App 每日使用时长(数据来源:MoonFox)

2.4　数字网络:一张网背后的基础

2013 年,德国最早提出了工业 4.0 的概念,所谓工业是指利用物联信息系统将生产中的供应、制造、销售信息数据化、智慧化,最后达到快速、有效及个人化的产品供应。2014 年,中国提出"互联网+"的理念,利用互联网的特点与优势,创造新的发展机遇。

物联网(IoT)正式走入大众视野,则是小米公司上市时提出的"铁人三项"模式,并被今天智能手机厂家广泛引用,即通过智能手机为控制中心,实现智能化家居的集成化管理。可以在下班时,通过智能手机控制家里的电饭锅开始煮饭,提前打开家里的空调、灯光、窗帘等,不同品牌手机厂商组建的局部 IoT 网络,成为构建数字网络的部分,阿里巴巴公司 2017 年推出了基于阿里云的 IoT 平台及一站式开发平台 LinkDevelop,实现了快速接入物联网平台,如图 2.16 所示。

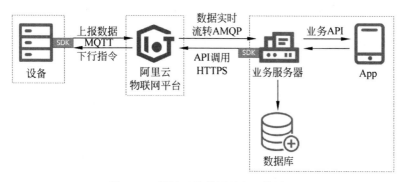

图 2.16　阿里云物联网平台工作原理

从图 2.16 中的内容可以看出中西方在互联网发展中不同的思路,由此我们也能够从中看出数字经济为何在国内能够快速形成如此大的规模。首先,从技术发展的角度看,云计算技术让数字网络的诞生成为可能,唯有基于云,才能实现较大规模的数据集中化分析与处理,才能构建可视化的数据模型,才能进一步实现数据资产化的发展路径;其次,也应当看到国内数字网络的形成是在人联网阶段推动了用户在线化与互联网的普及,为升级到产业互联网,包括数字网络提供了坚实基础;最后,国内的数字网络一开始就是由人联网和物联网等多种网络形式组成的,而非单一网络场景的推动,这一点是我们看待数字化场景的基本认知基础,也是为什么数字化场景会引发从政策层到产业层甚至到个人几乎方方面面的关注。

数字网络(DT-WAN)虽然以助力企业数字化转型为最初形态,但是最终目标却是整个社会的数字化。

创业者应该知道,现在办理企业相关业务,几乎可以通过政府推出的应用在线完成办理,无须再像过去一样去实地办理,这种便捷的背后则是建设数字政府带来的落地影响。实际上全国一体化政府服务平台工程早在 2019 年已经落实,逐步实现多个现实主体的上网及上云,实现在线打通。根据公开信息显示,2022 年 6 月国务院发布了《国务院关于加强数字政府建设的指导意见》,助力数字经济发展,如图 2.17 所示。

图 2.17 《国务院关于加强数字政府建设的指导意见》文件

　　同样的场景发生在财税领域,无论是由金蝶用友等头部财务软件服务商推动的财务数字化工程,还是由政府推动的财税申报与监管的金税数字平台,都在朝着不同主体、不同领域的数据融合与打通,实现可视化数据模型,继而帮助政府和企业组织更加全面地了解企业运营情况。

　　高效率通信网络技术及对应的技术成熟,共同推动了数字网络成为现实。从这个角度看,数字网络相对于我们之前提及的消费互联、产业互联更加高效且呈现出数据数字化、可视化、智能化、自动化的特点。对于不同产业中的不同主体而言,也意味着传统的渠道体系,产品运营体系,用户运营体系,甚至包括企业的商业模式都面临着变革的命运。

　　过去,我们习惯的是细分场景,正如小米的供应商只需理解小米搭建的物联网就能够获得发展红利。短视频崛起时,全面链接短视频平台,也能够获得发展红利。今时今日,作为中小企业的所有者与经营者,必然需要考虑如何快速接入数字网络,从更大规模的网络环境中获取自己的角色,获得自己的发展机遇,这是未来5~10 年无法忽视的趋势与命运。

第 3 章

中小企业数字化的最后一千米

在数字化转型这轮大潮中,尤其需要关注中小企业的数字化进程,更需要关注本土化解决方案。之所以需要特别提及中小企业的数字化,而非中等以上规模企业的数字化进程,本质在于人才与资金的储备规模不同。然而对于任何产业而言,中小企业才是产业生态的重要组成,也就是说中小企业的数字化进程才是数字时代里最波澜壮阔的画面。另外考虑到成本、实用性、可持续发展等综合方面,中小企业数字化转型的本土方案才是唯一的解决之道。

从更高的视野往下看,只有中小企业顺利实现了数字化转型,才能完整地实现数字网络一张网的最后一个环节。另外,中小企业才是连接大多数用户的企业,也就是说只有实现了中小企业的数字化转型,才能推动人联网、物联网等场景互联网的互联互通。

只有为中小企业寻找到最适合的数字化转型之道,才能推动中小企业的数字化进程,这应该成为共识。也正因此,最大化地决定数字经济的繁荣程度,才能增加数字时代里的活跃度。

3.1 模块化的企业运营

绝大多数的企业所有者曾幻想过自己的企业能够走向自动化经营,而在过去大量的面向企业功能的组建与尝试,都在围绕组织功能与绩效考核而展开。技术因素并非没有成为考量的范围，而是在相当长的时间里，技术难以匹配实现自动化这个目标，数字时代带来了新的机遇。

技术要素尤其是多种技术组合的应用场景为模块化企业实现带来了可能。传统企业功能重要的研发、运营、销售等职能，对于企业所有者而言难以形成可视化的可参考数据，但是一家完成了数字化转型的企业，则可以是模块化企业。

模块化企业，大概率是未来企业的运行形式，技术成为推动企业变革的重要因素。飞书、钉钉、企业微信等数字平台内部管理的功能，已经可以非常精准地通过数据呈现每个岗位的每日工作频率数据，通过不同数字平台的接口而实现衔接的体系。从管理者的视角看，既可以观察内部每个模块的可视化数据，并由此更加准确地围绕组织进行模块化改革，而在对外关系中，又可以通过数据模型清晰地展示用户规模及喜好。

企业组织模块化，企业管理者不再需要依赖人或者一张张复杂且烦琐的考核表来推演企业组织的变革依据。在传统企业中，好的管理与战略非常依赖于优秀的管理者，甚至对管理者的要求是卓越的，这样才能驾驭企业面对新环境下的变革，让企业重新焕发新的生命力。所以在过往的企业管理案例中，看到的是大量的卓越领导人成为企业持续发展的根本，也是唯一，虽然这个现象难以被大众认可，但是细想一下过往的案例无一不佐证了这个逻辑。

技术或者说技术型要素走上舞台中央，成为目光的聚焦点，正是数字时代带来的变化。我们发现没有技术知识储备的领导人越来越难以适应变化，也难以推动企业走向高效发展。

在"互联网＋"的阶段，包括移动化普及程度极高的阶段，企业的在线化进程往往难以成为企业关注的焦点，大多数企业的所有者依然认为维持企业现状才是最优的选择，而非提前或者认可企业需要快速互联网化。这一点，在我们身边就有大量的案例。很多企业的所有者与管理团队，对线上运营依然采用观望的态度，甚至处于从零起步的阶段，大量的新知识需要从头学习。另外寄希望于代运营的模式，快速搭建自己的数字运营体系，这个想法也存在巨大的错误，数字运营体系的建设是中小企业一次面向未来发展的思考与实践，任何个人与组织都难以忽视。

理解技术、关注技术、运用技术，将是未来中小企业主与其管理团队重要的课题，也只有这样才能更好地驾驭自己的企业实现数字化转型。

3.1.1　岗位在流程中，事在软件中

在数字平台中，实际上是将自己作为一个可以组建若干功能的平台，例如项目管理软件可以组装到企业自己的数字平台中，赋予不同 ID 的权限就可以实现相关岗位的协同工作，例如合同管理等。在数字企业中，ID 替代具体的人成为数字世界中的身份，与现实不同的是，我们作为加入企业的身份可能是模糊的，可能会扮演很多的角色，而对于企业而言，任何一个角色无论在企业中待了多久，也很难在短时间内，甚至根本无法获取详细的历史与经历沉淀。但是数字 ID 不是，它能够非常详细地帮助企业保留任何 ID 的痕迹，也就是数据。数字企业中的 ID 对应的是权限，这个权限属于企业，实现了企业中的岗位只是整体流程中的一个节点，更容易实现权限的继承与迁移，这是数字企业对于传统企业带来的一

个重要的变化。

这里需要特别详细阐述的是岗位角色 ID 化,它的出现消除了传统企业一直存在的隐患,即企业的关键数据往往容易私人化,这个现象很多人感受颇深,尤其是中小企业中更是如此。中等及以上规模企业还能通过投资自己的内部管理系统来避免,中小企业则难以避免。中小企业因为其竞争力弱,几乎没有能力构建属于自己的业务护城河,尤其是其业务模式、产品数据、用户数据等,很容易出现数据泄露以及公司数据被私用,甚至在关键岗位人才流失时,同时带走企业的重要用户。移动互联网时代,为了追求极致的效率,社群成为内部沟通与外部联系非常重要的渠道与途径,但也带来了公司资产尤其是数据资产私人化趋势,客户跟着账号走,这些都加剧了中小企业的弱势地位。

因为缺少统一的内部管理系统,公司的核心资料,包括核心数据等,在中小企业都非常私人化,这个是目前中小企业普遍存在的现状。我们以设计领域举例,绝大多数的中小企业没有能力为团队适配正版的专业软件,导致为了完成工作所需要的软件几乎是私人化的,那么也意味着所设计的作品很容易私人化。如果我们再考虑到设备的私人化,则公司设计作品私人化现象非常普遍。

中小企业在实际经营中往往很容易从性价比的角度思考问题,这个显然是符合现实的,适者生存是中小企业赖以生存的思维方式之一。任何企业在从 0 到 1 的过程中,固定资产中尤其是设备的投入都不是小数目,对于中小企业而言就是一笔不小的数字。正是因为这个现状,促成了国内的办公设备租赁市场。来自中研网的数据,截至 2020 年底我国的办公设备租赁市场主体总量达到 1.4 亿户,而核心用户群体就是中小企业。我们提及的数字时代,面向企业级服务依然是重要的进程之一,因此我们看欧美国家的企业级服务时,也会发现,面向企业级的服务市场中,办公设备租赁市场也是非常巨大的。

中等及以上的企业通过专业人才与资金投入搭建属于自己的数字平台,实现企业数字化管理体系,但是对于中小企业来讲并非易事,没有成熟的第三方解决方案,中小企业根本无力改变现状。

模块化的数字企业,数字软件就是由一个个盒子封装着企业的具体事务与工作内容,再与一个个 ID 适配,组装成为数字企业组织,所以也可以简单地将数字企业的特征归纳为模块化实现了企业的事务流程化,而创作与工作则是对应在相应的软件中。

一家实现数字化内容创作类的中小企业,无论是运营还是内容、人事、财务等岗位的任何人,在数字平台中就是一个个 ID,通过 ID 获得数字软件的权限,完成工作内容并将成果沉淀在企业的数字平台上。所以在某种程度上,也可以这样设想:只有数字企业才具备经验沉淀的能力,这并非说数字时代之前企业无法进行经验积累,相对而言数字时代之前的代价与成本更大,很多非技术性企业几乎无法做到成年累月地沉淀经验,而在数字时代这个过程变得简单了,数据更加全面、成本更低,如图 3.1 所示。

3.1.2 无纸化办公的时代来了

无纸化办公一度是中小企业对自动化或者自运营体系畅想的目标。一家企业无论规模大小,想要实现其完整的运营功能,包括的要素非常多,涉及资金与重大事项的决策非常强调留痕,以方便未来查询与验证。

纸张是重要媒介,而在纸张上创作非常烦琐的表格和审核模

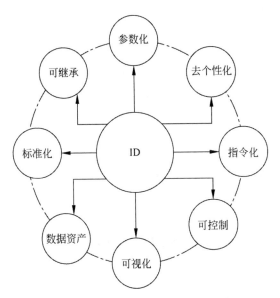

图 3.1　岗位角色 ID 化后的特点

板等,都是在企业中常见的现象,由此带来的影响则是企业采购办公用品时,文件夹与文件栏都是常见的物资,对此带来改变的是电子邮件的诞生。

电子邮件作为最早的互联网应用之一,距今已经有几十年的时间了,今天电子邮件依然被广泛使用,经过不断完善依然焕发出旺盛的生命力。智能化也成为改变电子邮件的技术要素之一,打开企业微信界面,邮件模块非常显眼地出现在左侧的功能列表中,如图 3.2 所示。

中小企业的所有者与管理者想要推动无纸化办公场景的根本驱动力来自成本的管控。我们经常看到这样的场景,某企业在遇到发展瓶颈时,当必须进行成本管控时,纸张总是最先被关注的那个,无论是打印机中的纸张还是某个高管办公室里的抽纸,这看似

图 3.2　企业微信左侧的功能列表

像个笑话，却是能够在社交网络平台中经常出现的场景。笔者却认为根本动力来自减少烦琐的流程，任何企业只要步入正轨，流程的烦琐都成为难以挣脱的枷锁，对于基础岗位的员工如此，对于高管与企业主而言更是如此。没有人喜欢烦琐的流程，但因为找不到更好的替代方案，只能延续这种状态。有趣的是，今天当我们在某搜索引擎中搜索关键词"节省纸张"时，能出现近五千万条搜索结果，如图 3.3 所示。

图 3.3　搜索引擎关键词"节省纸张"的搜索结果

　　电子邮件确实是很好的选项之一，但及时性很低，这就是为什么微信普及后，很多工作会通过微信群来沟通，但是微信作为交叉个人社交需求的软件应用,其隐私性也存在天然的缺失。及时性是任何一家企业无法拒绝的效率体现,所以电子邮件虽然是比较好的推动无纸化办公的工具之一,但仍因及时性与便捷性难以实现中小企业的所有者与管理者的设想,由此催生了 OA(办公自动化)软件的到来。

相当长的时间里,OA 软件是中等规模以上企业的专属,对于中小企业而言难以投入费用去建设属于自己的信息化基础设施。当然,追求营销与聚焦收入与利润,一直是中小企业的必然首选项,毕竟生存才是硬道理,无人可以忽略这个事实。

面向中小企业市场的 OA 软件曾是市场中的空白,阿里巴巴公司的钉钉也因为这个机遇崛起,曾想在社交领域与腾讯一争高低的阿里巴巴团队另辟蹊径,在 OA 领域寻找到了机会。钉钉一度是中小企业实现办公信息化的唯一选项,当然这也是因为该领域一直被巨头们忽略。

OA 软件在互联网下半场之后,升级成为中小企业的数字平台,这或许是大家没有想到的,更别说成为影响企业级软件分发的重要因素。

从 OA 的信息化到数字平台,中小企业无纸化的设想才真正变为现实,也是真正实现一切数据可视化的阶段,而因此带来的集成化趋势,为智能化工具的普及带来了新的可能,当然这是下一个阶段的场景了。

3.1.3　案例

A 企业规模不大,拥有 10~15 人的团队,主要经营文创产品,销售渠道为线上，非常依赖自媒体平台，其用户群体非常年轻。

小叶是 A 企业的经营者，拥有一项奇怪的喜好，喜欢收集各式各样的笔记本，即我们手写的那种本子。小叶经常通过自媒体平台分享自己撰写的工作笔记、学习笔记、读书笔记，包括一些思考，慢慢积累了一些非常忠实的用户。小叶在与用户沟通的过程发现，用户经常让他推荐一些好用、好看的笔记本。小叶就将这些用户聚集在一起，建了一个用户体验官的群，收集大家的需求之后，在某个知名的设计师网站寻找到一名设计合作者，制作出一批笔记本，在自己的所有媒体平台分享，并在某知名电商平台开了自己的店铺，通过平台的规则，打通媒体平台的电商渠道，很快就将第一批产品销售完毕。

随之，小叶从用户群中招聘了一名能力和参与度意愿较强的全职人员小黄，不要求人在本地，可以异地办公。为了提升维护用户的效益，也为了能够跟进项目，小叶通过注册的 A 企业注册了数字平台，该数字平台刚刚推出了一键将私人社群变更为企业社群功能，小 A 觉得非常适合他这样依赖私域社群的初创型企业。

平时，小黄跟进社群的日常维护与销售平台的服务，小叶负责内容的产出与发布。经过小黄的分析，发现笔记本市场是一个被严重忽视的领域，用户群体非常忠实，大有可为。于是，通过数字平台的协作文档将自己的分析数据及建议整理成文档同步到企业的数字平台中，并@了小叶。小叶收到提醒，打开小黄撰写的文档，认真研究同类的市场，也觉得是个机会。

于是，小叶和小黄再次分工，小黄负责寻找设计师，设计 5 个方案，小叶负责撰写新产品的设计思路。日常，他们通过公司的数字平台发起视频会议沟通，或者使用协作文档中的白板功能交流想法与思考,与设计师也是如此。经过一个半月的努力,小叶和小黄与设计师一起确定了 3 个单品,并各自设计了两个不同类型与风格的本册类产品。

小黄之前是一家互联网企业的产品经理,一直很关注数字平台的功能迭代,最近数字平台又增加了一个新功能,即可添加企业的上下游供应商,当遇到需要沟通的事情时可以很快找到其供应商企业的具体负责人。小黄将和小叶确定的单品通过数字平台快速发给供应商企业报价。

成品很快被制作出来,小叶通过数字平台中的协作文档创建了一个体验官征集表,并将生成的链接分享到用户群中,很快体验官就征集到了预期数量。小叶在文档中增加了小黄作为协作者,这样小黄就可以看到报名人的具体信息,根据报名人提供的地址给每个人寄了一套产品,并通过数字平台的协作文档撰写了一份体验要求。

只需一天的时间,很多体验官就在协同文档中提交了自己的反馈。小叶与小黄看完反馈之后,再次邀请了一部分用户使用产品撰写样本,通过数字平台中的第三方应用向参与者发送了电子合同等。这些前提准备工作完成之后,小叶和小黄决定可以制作内容了并及时更新了店铺里的产品。

第二批产品达到了如期的销售目标。小叶和小黄根据之前记录的文档复盘了整体新产品从想法、研发到运营、销售的全过程,做了如下调整:

(1)在小叶所在的城市招聘三名成员,分别是专职财务、视频拍摄和新媒体运营。因为小叶与小黄发现,经过之前时间的沉淀,有必要全媒体平台运营,而不同的自媒体平台对不同内容形式的喜好也是不同的。考虑到自家的产品特点，小叶与小黄都认为最需要增加图文撰写人员，并兼顾到成本等因素，新媒体运营人员为兼职，只需按照需求完成内容撰写与内容发布、校对等工作内容，项目均在线上进行沟通。

（2）更新拍摄设备，之前的内容基本由小叶一人完成，包括拍摄、剪辑、发布，非常占用小叶的精力，拍摄设备非常简陋，难以满足新环境下的内容要求。

（3）随着公司的收入增加，并且兼顾到公司的采购成本，以及不同品类的收入数据等因素，公司决定基于数字平台上架第三方的财务软件基础版本。

（4）因为 A 企业的产品门槛很低，很容易出现抄袭等情况，很有必要申请外观专利等知识产权。

（5）根据之前设计师的提议，小叶洽谈了一家能够提供正版字体、图片的公司，并根据小黄的提议，该公司入驻了与 A 企业所使用的数字平台。小叶只需要将其添加到数字平台中的工作台中，通过企业 ID 采购对应的权限，后续小黄就可以根据设计师的需求购买版权内容之后提供给设计师。

（6）考虑到未来的发展，在小黄的提议下，公司扩大了合作设计师的数量与供应商的数量，并在数字平台中邀请加入，添加了对应的身份与权限，方便接下来的沟通与协作。

小叶与小黄完成这些工作之后发现文创产品在年底，尤其接近春节是非常好的做活动的阶段，接下来小叶与小黄继续稳步推进公司的相关工作。

A 企业是非常典型的通过数字化工具提升企业内部运营效率的案例，而类似这样的案例已经非常多。在数字时代，我们也会发现很多专注细分领域的小而精的企业组织，它们虽然规模上依然非常小，但是具备非常强的竞争力，并充满活力。

当然，通过数字网络，尤其是逐步打通的数字平台，很多原先关注大而全的创业者，会更加聚焦新的机会与细分领域的机会。

3.2　低代码与无代码赋能企业的技术能力

我们曾提及技术要素成为数字时代里中小企业的所有者与管理者的竞争要素，因为中小企业想要实现数字化转型，必须理解技术场景，也需要掌握相关的技术知识。随着数字化进程的推进，很多原先对于中小企业而言推进数字化所需要的信息化建设是一件非常麻烦的事情，现在都会有相当多的选择，但是只有理解才能深入掌握，而这个需要企业具备技术思维，或者说理解技术，并尊重技术的客观性。

在移动互联网浪潮中，从早期的微网站到 H5，再到 App、小程序等，很多企业尤其是中小企业往往看着趋势就未经思考地匆匆忙忙上架自己的独立应用，根本没有去考虑技术的难度、产品的合理性，以及维护的难度。很多中小企业的所有者与管理者，往往从固有思维框架中理解软件中的技术与场景，很难从用户体验和企业发展的实际等角度出发去对待技术。习惯从自己的喜好去进行技术产品的部署，带来的结果是显而易见的，失败的案例比比皆是。

所以，从这个角度出发，认知框架的突破是关键，在数字时代更是如此。例如在数字化转型的过程中,应该优先考虑成熟的解决方案而非选择自己去做研发,积累经验,再逐步根据企业需要选择自研,可能面对的风险更小。

目前,数字化作为大背景,必然引发最大的关注度,尤其是中国本土互联网产业中最薄弱的一环,即面向企业级服务。当市场力量聚焦时,对应的选项便会多起来,这才是我们讨论趋势或者背景时的意义与价值所在。

无论是低代码还是无代码技术场景,并非是新鲜事物,在2020年就已经在中国本土起步。而更早则是在欧美国家,低代码与无代码技术场景已经兴起。经过教育普及,到今天低代码与无代码平台已经非常多,已经成为很多企业面向数字化转型时的选项。

3.2.1　重新认识低代码与无代码

低代码与无代码并非新鲜的技术名词,最早通过所见即所得(WYSIWYG)衍生出来,百度百科对其这样诠释:所见即所得是一种系统。它使用户在视图中所看到的文档与该文档的最终产品具有相同的样式,也允许用户在视图中直接编辑文本、图形或文档中的其他元素,但本土兴起要以2020年为元年,这个和数字化趋势的起点基本相符。因为对于个人而言,低代码与无代码基本用不着,现在很多云计算服务商面向个人端的独立建站等信息化需求提供的解决方案很多,而且足够具备性价比,唯独企业级市场的需求存在多样化、个性化、定制化等特点,所以在面向企业级服务市场崛起时,低代码与无代码技术才有了真正的发挥余地。

简单概括下低代码与无代码的技术场景,从字面意思看,就是少用或者不用代码来搭建企业所需的数字软件。另外需要特别说明的是，正是因为云计算的普及，让部署这件本来很复杂的事情变得简单了。用友云平台团队在其撰写的《数字化中台》一书中这样描述低代码平台的价值："低代码开发平台的核心价值是解决企业应用开发需求爆发式增长和专业开发资源不足之间的矛盾。通过低代码开发平台的各种工具和服务支持更多的角色加入应用构建过程，通过模型驱动和脚本提升代码编写效率，可以满足业务执行、业务管理的变化和创新。"

市面可选择的低代码与无代码平台已经非常多，难点仍是教育认知障碍，对于很多中小企业而言属于认知盲区，面向中小企业的数字化解决方案一定要立足本土的解决方案，这便是根本原因。

目前成熟的低代码与无代码平台都会有私有部署与公有云两个方案。私有部署简而言之就是一个企业可以在开发好平台之后选择自己的服务器进行部署；公有云则是基于开放平台进行托管部署。对于中小企业而言，托管要简单很多，能节省很多运维成本与精力。无论是私有部署还是托管部署，都相对于早期简单了不少，如图 3.4 所示。

	基础版	企业版 私有化部署	平台版
基础数据			
单表数据量	50万个	不限	不限
总数据量	100万个	不限	不限
主账号（开发/管理）	1个	1个	自由配置
子账号	90元/个	不限	不限
文件存储	10GB	不限	不限

图 3.4　某低代码平台的产品定价页面面向企业客户都有私有部署的选项

相对于另一个企业级服务场景 SaaS 模式，之所以还需要提及低代码与无代码,是因为目前主流的 SaaS 产品几乎固化了模块,同时对于很多企业而言,选用第三方的 SaaS 服务都存在第三方监管的限制。以直播这个场景为案例,如果中小企业选择了第三方 SaaS 软件,则直播内容是否存在违规等规则判定是服务提供商有权进行裁定的,但是在低代码与无代码开发平台开发的软件,实际运行时的内容判定是以软件拥有者来裁定的,所以相对而言更具备一定的自由度。伴随着数字化进程的加剧,SaaS 软件市场也诞生了很多优秀的企业,同时催生了 SaaS 软件市场的规模,如图 3.5 所示。

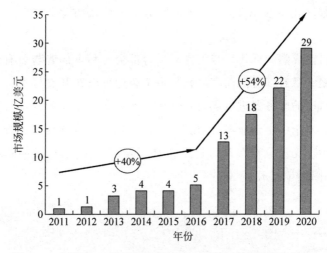

图 3.5　中国 SaaS 软件市场规模 2011—2020 年(来源:德勤)

当然,如果较真,在实际场景中,涉及的软件开发、运营、部署等环境都涉及方方面面的第三方服务,这些都会触及规则问题,问题在于企业在实际运营时,不能总以极端情况作为必定条件且以此为前提去规划及运营,这样显然太过于苛刻。

除了自由度之外,企业因为业务不同,对软件的需求是非常差异化的,这个差异化还体现在不同职能模块的需求,例如快消品行业根据模式不同,对客户管理软件的需求也是不同的。在渠道上采取直营模式与采取加盟模式的企业,面对的客户群体显然也不一样。教育行业也是如此,可能对静态化的客户管理软件的需求已经在降低,而对能够及时跟进客户的动态客户管理系统更为感兴趣等。

从上面的内容看,我们也能大致明白为什么低代码与无代码这种场景在 SaaS 服务模式已经成熟的情况下依然具有非常广阔的发展前景。

那么,低代码与无代码技术场景也不是万能的,在实际操作时,也必然存在一定的问题。例如既然是软件开发,哪怕是技术门槛较低也需要企业具备懂流程与软件产品体验的人才,这是其一;其二,低代码与无代码所开发的产品一旦企业决定停止使用,那么数据迁移将是非常令人头疼的问题,这里的数据不仅是客户数据,还有在使用此软件时所产生的数据等。部分问题在 SaaS 软件中也存在,所以这个又回到了另一个话题,即没有永久完美的解决方案,只有适合的方案,企业也需要在发展过程中不断调整其相应的规划。

3.2.2　可以组装的软件

低代码与无代码平台的崛起一方面顺应了数字化发展趋势;另一方面则由于其技术门槛非常低,对于中小企业而言非常方便。数字化转型的本质是为了推动企业提升运营效率,而非简单地上架软件,实现信息化建设是很重要的前提。

目前成熟的低代码与无代码平台,基本或者部分实现了生态建设,意味着当选择某个平台的服务时,也可以通过其平台的资源实现更为丰富的功能,如图 3.6 所示。

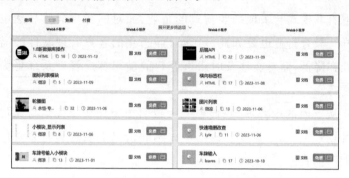

图 3.6　某低代码平台的组建市场页面截图

　　笔者曾在上面的内容提及过模块化这个场景,实际上相对于传统的信息化建设,一家企业为了方便业务运营的效率提升,会购买不同的软件。今天我们谈论的数字化运营还存在另外一个不同,即依托某个数字平台实现所有数字软件的继承,将数字平台作为企业的信息化中台,企业所有的成员只需打开数字平台就可以看到企业采购的所有软件并进行操作,通过数字平台的权限管理定义每个 ID 的权限与开放范围,这个与传统的信息化场景存在着非常大的差异。

　　另外,虽然现在可选择的面向企业级的软件很多,但是企业内在的结构与业务差异依然是复杂的,正如我们在讨论企业数字化的最后一千米时曾提到过实现产业末梢的数字化才算是实现了整体数字化进程,而中小企业就是产业的末梢。

　　再说低代码与无代码平台某种程度上依然不如通过 IDE 工具编程那样可以最大程度地满足用户的需求,但对没有技术实现能力的中小企业而言这可能已经是最好的选择,没有之一。撤去数字平台这个环境,在低代码与无代码平台所构建的生态里,它们进一步推动了具备独立开发能力的创作者依托其开放生态在此再次面向企业的细化需求，例如国内某低代码平台一方面搭建了官方的组件商店；另一方面推动具备开发能力的创作者依托其向所有用户提供组件，包括不同客户端、不同场景、不同端口等，对于中小企业而言已经足够丰富。这样的场景，基本已经被大部分成熟的低代码平台所普及，如图 3.7 和图 3.8 所示。

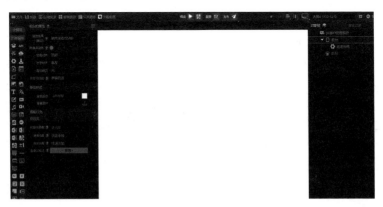

图 3.7　国内某低代码平台的可视化操作窗口

图 3.8　国内某低代码平台的应用商店

软件第一次可以通过组装的方式实现流程化与体系化,这是一件非常有意思的事情,人人是程序员的畅想第一次距离我们这么近。当然,围绕低代码与无代码的大规模普及依然在进行,人人可以实现软件组装,也意味着某种秩序的混乱,例如可能会造成软件技术被滥用,造成用户信息数据被泄密等。但笔者仍认为低代码与无代码模式的普及,带来的好处会远远高于坏处。

那么下一步可以畅想的是个人也将具备信息化建设的能力,技术门槛再次降低,独立建站或者依托某个生态、平台搭建属于自己的小程序、H5甚至App都不将是非常难的事情。在全媒体运营的时代,一旦某个IP崛起,也将具备原先需要一个团队才能完成的事情,现在可能只需更低的代价就可以实现。

3.2.3 案例

A企业经过三年的发展,得益于自媒体平台的发展红利,逐步在本领域站稳并开发了衍生业务,商业模式也逐渐变得清晰,企业的竞争力也在加强。固定下来合作的设计师团队已经达到20名,内部团队规模扩大到10名,最令小叶开心的是团队中的小王逐步脱颖而出,成为继小黄之后,第三名核心成员,小叶思考着准备年底给小黄增加分红福利。

这天,小叶在与小黄、小王沟通下一步规划时,小黄提议根据公司的发展情况,目前付费用户规模已经达到上千名,平台上的整体用户已经达到上万名。因为经过上次的调整,以小叶为IP打造的媒体内容不仅只是做笔记创作题材,还延伸了创作题材,例如增加付费模板业务,就是为职场白领提供非常实用且好看的模板,尤其是PPT与Keynote两个类别发展前景非常好。

之前的销售都是通过第三方平台实现的，不利于与用户建立更加紧密的联系。小叶经过和小黄、小王协商之后，提议上架自己的平台，因为 A 企业还没有能力去开发自己的软件，所以最初的构想是采购第三方的应用。这时，小王向大家分享了一条信息，现在出现了一种低代码与无代码平台，即便没有编程能力，也可以通过学习实现搭建软件的能力。如果这个办法可行，就可以把小叶与小黄想要的社会化客户关系管理（Social Customer Relationship Management，SCRM）模块与第三方的软件打通。

经过小王和第三方软件沟通，该软件的客服人员回复小王，他们采购的套餐中包括了开放 API，如果 A 企业具备软件开发能力，则可以打通他们研发的软件，实现一体化运营。

小王将这个信息和小叶、小黄沟通之后，决定由小黄负责部署与完善第三方软件，并负责上架产品，以及美化软件等工作；小王负责寻找适合 A 企业需求的低代码与无代码平台，并完成 SCRM 软件的研发。

小王认真对比了市面上目前主流的低代码与无代码平台，通过价格、功能、服务等各项数据的对比，最终剩下 V 企业与 W 企业推出的服务。小王将两家各自的差异在协作文档中标注出来后发给了小叶与小黄。

（1）V 企业：该企业推出的低代码与无代码平台已经三年多，是目前综合实力最强的，但是价格也相对高一点，优势是官方的组件库非常多。官方组件库是 V 企业为了满足用户更细化的软件功能需求推出的在线商店，用户可以根据自己的需求自主选择，不需要再投入精力进行开发，可节省大量的时间。同时，V 企业平台对开发 App 与小程序优势明显。

（2）W企业：该企业成立时间较短，但是技术研发实力很强，技术团队大多是资深程序员，其推出的可视化编辑器非常强大且易用，缺点是没有官方组件商店，但是有自己的众包平台，即由独立的第三方团队或者个人开发的组件。因为是技术人员推出的平台，所以强化了技术色彩，没有很好的运营。

小叶与小黄在看完小王的文档之后，并各自对两家企业进行了了解，一致认为V企业更适合自己的企业，因为他们经过研究发现V企业做了很多模板，对于A企业这样的小规模企业组织而言，学习成本非常低。同时，无论是V企业还是W企业的技术水平其实相差无几。另外，对于一家企业而言，数字软件的部署首先需要考虑安全性与稳定性，V企业在这方面的细节做得非常好。

A企业很快和V企业签订了合同，虽然两个公司的所在地相距很远，但是无论是在线合同还是沟通，现在都可以通过数字平台完成。在所有流程完成之后，因为两家使用的是同一个数字平台，A企业邀请V企业加入其服务商网络中，方便及时沟通与获得相关的技术支持。

经过一个多月的筹备，无论是小黄负责的运营软件还是小王负责的SCRM系统都上架了，同时考虑到公众号的便利性，选择了以企业注册认证的服务号嫁接了第三方软件平台，并同时添加到数字平台的工作台中。

后来，经过一段时间的使用，大家发现V公司的产品与服务非常不错，同时兼顾公司的业务发展。他们又通过V公司的产品再次上架了共创数字平台，即用户群体都可以提交自己的作品并上架到A企业的共创数字平台中，这样与用户群体之间便形成了良性关系。对于A企业而言，用户尤其是具备创作能力的忠实用户参与进来之后,增加了内容供应,弥补了自有团队产出不足的问题。同时依托 A 公司的数字平台创作变现,也将成为重要的分享者与推广者。

至此,A 公司的商业模式基本确定,步入稳定的发展轨道。当然此时此刻的小叶,自己也伴随着公司的壮大而逐渐成熟,从单一媒体号运营到全媒体运营,全网已经拥有几百万用户。对此,小叶认为公司未来要努力打造自己的平台才是长久之计,但是如果构建 A 公司持续稳定的发展之路,则需要从长计议。当然,小叶已经有了一个模糊的框架,准备过些日子和小黄、小王沟通一下。

3.3　主导业务的 SaaS 与主导财务的 PaaS

SaaS 模式并非新颖事物,有趣的是我们将目前的技术场景拆解开来就会发现,很多技术都在很早时已经应用,但是唯有将它们结合在一起时才能产生巨大的影响与商业价值,并以点撬动若干个新兴的产业。工信部发布的《中小企业数字化转型指南》中对 SaaS 的定义如下:SaaS(软件即服务)指一种基于互联网提供软件服务的应用模式。服务商将应用软件统一部署在自己的服务器上,企业无须购买软硬件、建设机房、招聘 IT 人员,即可通过互联网使用软件服务。

我们一般在谈及 SaaS 软件时,也必然需要与 PaaS、IaaS 进行区分,我们都习惯将它们归纳为云服务的形式。云推动了这些软件服务模式成为流行。SaaS 简单点描述就是软件即服务,对于企业而言只需按时长支付费用，不需要再进行开发就可以获得技术应用。PaaS 则是平台即服务，也是 SaaS 模式下的一种应用形式。这些是非常基础的常识，下面通过更为详细的阐述来描述 SaaS 与 PaaS 之间的联系。

　　国内的 SaaS 与 PaaS 模式的发展，必然需要提及 Salesforce 这家企业，但是本土的 SaaS 软件用户对于获得客户（简称"获客"）具有非常强大的驱动力，所以在本土围绕业务的软件的第一诉求必然是如何获得客户，而非纯粹的去客户精细化服务。根据这个背景，在数字化之后，SCRM 的理念超越了 CRM，从静态数据到追求动态数据，也就是 2020 年以后我们很少再看到完全纯粹的数据管理，而是打通了数据追踪、服务、变现等模块，实现了获客、运营、服务等一系列的流程，如图 3.9 所示。

图 3.9　Salesforce 的功能与服务模块

　　业务数据与资金数据是能够清晰地看清一家企业的运行状态的两个基本数据，而资金数据也就是我们熟悉的财务软件平台。为了适应企业数字化转型的需要，国内主流的财务软件已于 2020

年以前就进行了升级,能够提供非常丰富的应用生态。当然,国内的财务合规化进程离不开政策层的推动,2018 年国家税务总局关于发布《个人所得税扣缴申报管理办法(试行)》公告,这里也需要提及金税三期工程,在中国税收发展史上首次实现了基础平台和应用软件等方面的大统一。至 2022 年,金税工程已经迭代到第四期,伴随着国家财税政策与工具的调整与升级,服务企业的财务软件也伴随着逐步升级迭代,现在根据财务软件平台提供的 API 已经可以实现打通全域数据链,实现企业数据完全可视化。

3.3.1　SaaS 的江湖简史

Salesforce 的出现代表着 SaaS 时代的开启,而后 PaaS 形态出现。云计算技术成熟之后,SaaS 逐步向产业的细分领域扩散。2009 年美国国家标准技术研究院首次提出云计算的定义和框架,明确了 SaaS、PaaS、IaaS 三者的形态。

国内本土的 SaaS 软件是伴随着云计算的普及而逐步兴起的。SaaS 也成为云计算生态中重要的组成部分,随着面向 C 端时代的互联网红利消失,产业互联网阶段加速了 SaaS 的发展,以有赞、微盟、小鹅通等独角兽企业的崛起而迈入高峰,并推动了 SaaS 软件在企业级市场的广泛应用。2018 年,被誉为微信生态第一股的有赞公司正式上市,也意味着 SaaS 软件模式在本土获得认可,也可以视为 SaaS 服务模式在国内的突破,如图 3.10 所示。

SaaS 可以简单地分为通用型和行业专属型两大类,但在围绕具体业务模块上可进行细分。SaaS 软件的出现,一方面是信息化成本及门槛促进企业尤其是中小企业愿意采购成熟的第三方服务;另一方面云计算技术与应用场景的成熟,无论是变现模式还是

图 3.10　有赞的后台页面

技术门槛都让 SaaS 服务模式更易部署与普及,所以今天我们能够选择很多技术场景,本质上在于技术及技术组合迎来了成熟的阶段,不管是普及还是应用都变得简单,对于中小企业而言不再具备非常高的门槛。这个路径是通用的,任何技术都是如此,只有具备了低门槛的应用与部署,才能具备教育的条件,才能吸引更多的用户使用。

　　小鹅通在一众本土 SaaS 软件服务商中算是特别显眼的,最初切入的领域是知识付费,2016 年算是知识付费的元年,小鹅通也诞生于这一年。以事后诸葛亮的视角回看知识付费现象,这是互联网发展中的必然。无论处于什么阶段的网络形态,但是根本上还是解决效率的问题,而知识付费本质上解决了知识制作、传播、分发的效率与模式的问题。从 SaaS 行业看,小鹅通没有多大机会,因为本土软件发展环境一直很不好,变现难和易复制这两个难题一直是行业发展的桎梏,没有任何一家软件开发商可以忽略这两个现状。小鹅通瞄准了知识付费这个快速崛起的行业,由于此行业非常缺乏适配的工具,所以获得了发展的历史机遇,如图 3.11 所示。

图 3.11 小鹅通的产品与服务

从知识付费领域切入,逐步覆盖到电商、运营等领域,小鹅通成为通用型 SaaS 软件提供商,这里面又迎合市场的另一个动态,即一切为内容的环境下,内容成为很多企业对外宣传与运营的标配,而通过私有生态发展起来内容生态,小鹅通又顺势组建了自己的内容市场,允许任何创作者在满足一定条件的前提下向内容市场提交可以分销的内容,公共平台成为小鹅通新的特点。直播大潮下,OBS 推流模式进一步提升了原本是为了维护私域流量而搭建的平台价值,如图 3.12 和图 3.13 所示。

开播设置	直播间设置	运营设置	回放设置	转播设置	拉流设置	直播间用户	数据分析

转播到第三方平台　　　　支持在第三方平台(视频号、快手等)同步您的直播内容　查看教程

转播到小鹅通店铺　　　　开启后,支持在其他小鹅通店铺同步您的直播内容　查看教程

图 3.12 小鹅通直播模块的转播设置页面

开播设置	直播间设置	运营设置	回放设置	转播设置	拉流设置	直播间用户	数据分析

通过拉流将外部直播源推送到当前直播,以转播其他平台的直播　查看教程

拉流地址		地址有效期至	拉流状态	操作
请填入外部直播的rtmp/http(s)协议拉流地址		--	--	取消　保存

1.地址填写完毕,单击「保存」按钮即开始拉流,推流后不支持修改;
2.拉流直播进行时,学员无法观看讲师开播的画面;
3.拉流地址有效期为7天,到期后需要重新刷新重新生成并更换地址。

图 3.13 小鹅通直播的拉流设置页面

此外还有有赞。移动互联网阶段,私域流量生态尤其是微信生态崛起,相对于过往的微网站的形式,大量因为公众号崛起的媒体号缺乏简单易用的变现工具,有赞在这一背景下获得了发展的机遇。

回顾本土 SaaS 品牌的发展历程,我们会发现大部分是基于单一领域发力的。寻找到历史性的机遇,也可以认为是时代红利,而非教育市场的结果。这个场景和国内很多行业中新兴公司的崛起大同小异,基于特定需求寻找到机会,而非通过大量的教育获得用户认可,这可能也是本土化企业所遭遇的大部分现状。

随着一切数字化,或者说在一切模式都需要数字化重新改造下的处境下,单一领域 SaaS 软件服务商的生存空间正在变小。未来的发展非常依赖于平台、行业的力量,面向企业级服务市场的软件开发商正在被数字平台的力量重新划分市场影响力,SaaS 行业也将如此。

当然,我们也应该看到小而美并非不好,很多非常细分的领域依然需要小而美的软件应用,例如被互联网企业广泛使用的图床工具 Eagle,就是小而美的典型,用户黏性非常高,如果不追求一味的高大上,则能够获得舒适的生存空间。

3.3.2 SaaS 生态中的企业

知识付费行业非常具有代表性,疫情发生时,大量依托知识输出的 IP 与机构纷纷涌入短视频平台,一时间无论是短视频平台还是综合性的自媒体平台都出现了大量以内容产出为主要生存方式的账号。

我们知道所有的商业产出,包括虚拟商品与实体商品,最终都需要思考变现这个话题。对应的则是第三方媒体平台的流量,如果无法引流到私域流程平台上来,就无法对用户进行非常精准与持久的服务,尤其是在充分考虑到算法推荐在各大媒体平台普遍盛行之后,账号拥有者与用户之间的强联系被打断了,那么对于媒体账号的实际运营人来讲,只有从公域流量池中获取足够多的用户聚集到私域平台上,才是持久的策略。

互联网行业的蓬勃发展,虽然培育了大量软件工程师,但仍需要清晰地认识到软件工程师对于传统企业而言依然是非常昂贵的人才。寻求通过 SaaS 服务商提供的自有平台搭建服务则是最优质的选择之一,还是熟悉的那句话:成本是中小企业拓展新业务优先考量的因素。

目前,微信生态的公众号已经成为大多数中小企业搭建其私域流程运营平台的载体,一方面可以宣发企业、品牌、产品等内容信息;另一方面根据公众号的 API 可以打通第三方 SaaS 平台,实现内容宣发与数字工具、平台的对外运营,如图 3.14 所示。

图 3.14　公众号中的自定义功能

如同公众号一样，SaaS这类的数字工具更大的意义在于：

（1）推动了个人进行商业运营的能力，大量的个人运营IP媒体号因此走向变现的商业运作中，并因需要经营所需的资质与其他条件，推动了个人逐步注册成为市场主体，从媒体号到SaaS软件的运营，成为很多个人走上商业运作的背后动因。

（2）原先一直游离在合规经营范围外的小微企业，为了实现SaaS平台的认证（第三方平台已经趋向合规经营，对部分经营范围会要求入驻者提供对应的资质），也必然走向合规化经营。

从以上的内容看，SaaS软件生态的丰富，为不具备数字化运营能力的中小企业提供了快速转型的通道，同时促进了大量中小企业走向合规化经营之路。当然，更大的意义在于在数字时代里，大量中小企业的数字化进程更令人值得期待与兴奋，它是一张网的基础，也是一张网合拢的前提。

所以，在看待某个现象、场景、技术等方面的时代意义时，应看待其在相应的进程中所扮演的无可替代的价值与所带来的影响力。

3.3.3　集成化的SaaS推动企业运营效率

独立的SaaS软件是否能够带来今天看到的影响力，其答案显然是否定的，正如后面提及的数字软件也是同样的道理，集成化才意味着效率的呈现。这个可以从另外一个场景案例得到验证。

大量的在线设计平台、在线编辑平台、在线UI设计平台等，为什么能够在市场成熟之后依然获得市场的认可？如果以价值定义成功，则无论是CANVA（中文名为可画）还是来画，包括Figma等都可以被定义为成功。今天需要讨论的不是成功后的商业价值，而是要寻找成功背后的因素。

Figma 是一个在线 UI 设计平台,根据公开的信息显示,2022 年 2 月其估值已经达到 100 亿美元,奇怪的是在 UI 设计领域,暂且不论大名鼎鼎的 Axure,便是本土也有大量的替代者,如墨刀、XIAOPIU(后更名为即时设计)等,Adobe 公司也推出了自己的 UI 设计软件 XD。Figma 一开始并非如此有名,也不被大量的圈外民众所熟悉。如果不是 2022 年 3 月发生的封停事件,则 Figma 的知名度仍专属于互联网圈子。轻量化、对个人免费和较强的实时协作能力等,是 Figma 成功背后的几个关键要素。与此对标的 Pixso、即时设计、MASTERGO 等以同样的特点也获得了不菲的估值。

CANVA 从一个小众化的在线设计平台,现在已经发展成为全球知名的独角兽企业,它的特点更为明显:

(1)让设计尤其是平面设计真正变得简单,读者也可以通过短时间的学习快速完成一件平面设计作品。

(2)适应性强,适应各种环境下的尺寸设计。

(3)集成化高,一个平台能完成设计要素所需的素材搜集与使用。

集成化正是笔者想要和大家讨论的。模板化、工具集成和模块集成等,这些是我们也能从小鹅通这款 SaaS 软件上看到的场景。当使用小鹅通时,除了可以使用小鹅通搭建自己的业务、客户服务等内容的运营平台,也可以使用集成到小鹅通平台的可画软件完成在线设计,完成的作品可以直接作为素材在上架产品中使用。ID 作为通行凭证,可以随时定义不同范围的 ID 的使用权限,这就是集成带来的效率体现,如图 3.15 和图 3.16 所示。

图 3.15　小鹅通直播封面在线制作入口

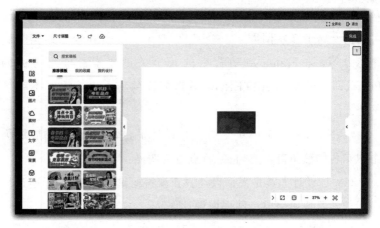

图 3.16　在小鹅通中可以直接打开在线制作软件

从企业的角度看,不具备信息化能力的中小企业能够通过不同的 SaaS 软件平台完成不同业务的信息系统搭建,再完成衔接,并整体上架到数字平台中,实现一体化运营。可以想象,这种集成给企业带来的效率,对提升企业竞争力而言是显著的。

3.3.4　A 企业的案例

前面讲到 A 企业在小叶的带领下逐步发展成为在某个领域具备一定影响力的组织,同时也增强了业务护城河,拓展出新的业务。与此同时也暴露出新的问题,例如突然爆发的疫情带来的线下活动受限,例如在一个平台实现虚拟产品与实物商品的集成销售化等,虽然之前通过无代码与低代码平台搭建的系统能够解决有无的困局,但是在稳定性上,毕竟没有成熟的系统可供使用。

小叶将自己的困惑和小黄、小王沟通之后,大家一致决定寻找新的解决方案,必要时对现有业务结构进行调整。经过大量的市场调研之后,小叶发现之前一直听别人提及的第三方 SaaS 软件已经非常成熟,可以直接使用,同时也增加渠道归属关系的认定,这是小叶的下一步规划。因为随着品牌的影响力扩大,很多用户在进行推广时也销售了产品,小叶认为需要给予推广人员一定的激励。那么如何实现推广之后的客户归属及数据可视化?因为自由推广难以通过人工的方式实现数据追踪,况且因此带来的工作量也不是目前的团队数量能满足的。更为关键的是,小叶看到直播这种新颖的形式火热起来,也想尝试直播这种新形式等。

小叶带着小黄与小王测试了多个 SaaS 软件,最终选择了 T 企业推出的 SaaS 软件,用来承载业务的对外运营,T 企业所推出的 SaaS 软件一方面可以打通目前在用的数字平台;另一方面能够完全满足小叶对未来业务规划的需求。那么现在只剩下一个问题,即之前采购的 V 企业的业务如何调整。这个问题交给了小王解决。

小王在和 V 企业沟通之后,确定了调整方案:

(1)目前的对外运营平台改为 T 企业的 SaaS 软件,并配置对应的功能。

(2)因为 V 企业的产品可以轻松调整模块,改为 SCRM 软件,所以保留共创软件平台。

　　小叶在具体使用时发现，T 企业推出的 SaaS 软件，在直播时可以使用 OBS 推流工具将直播内容同步到其他平台，包括自己之前一直发布内容的媒体平台。当然这种方式存在一定的风险，因为对于媒体号而言，更乐于看到创作者使用自己推出的工具完成内容发布。便利性也是显而易见的，至少能够兼顾一些目前还没有精力重点维护的媒体平台，极大地提升了小叶的内容产出效益。

　　小王根据了解到的政策内容，完成了给予推广者奖励的制度文件，并在 SaaS 软件中做了对应的功能配置和设置。在设计海报时，小王发现 T 企业的 SaaS 软件中集成了第三方在线设计软件，通过简单的学习自己也可以完成质量比较高的海报设计，更为关键的是第三方设计软件集成了正版图库，让小王不用担心版权的问题，效率得到了极大提高。

　　经过半个月的准备，A 企业顺利完成了业务结构与运营体系的调整。

3.4　技术要素

　　技术要素是笔者在数字时代反复提及的关键词，这个既针对个体也面向企业。正如我们正在讨论的企业数字化转型，涉及的每个模块都首先需要理解技术尤其是技术要素的组合所实现的场景。《从 1 到 N：企业数字化指南》一书的作者尤尔根·梅菲特、沙莎在书中也曾提及同样的观点："如果想让信息技术真正成为企业有力的武器，只是简单地向各部门配备数字化人才是不够的，各个管理层级必须具备数字化能力，其中最重要的是执行委员会、监事会及二级管理团队。信息技术必须成为企业新的核心力，而首席数字官必须在管理委员会中有充分的话语权，只有这样，数字化才能取得成功。"

无论是无代码与低代码平台，还是第三方 SaaS 软件，甚至包括诸如钉钉、飞书、企业微信等数字平台，只有理解其中的逻辑与彼此的作用，才能搭建给企业带来效率的运营体系，因为企业不可能投入不菲的代价围绕单一技术进行应用。同时，解析数字化的本身，就是围绕一个又一个复杂的场景来逐步认证数字化带来的积极意义。

在所列举的数字软件案例中，我们也会发现数字浪潮中数字软件的崛起，是赋予个体的另一次红利。大量更具效率的软件正在逐步替代目前我们熟悉的软件。协同、轻量化和功能集成等特点，让大多数人重新回到起点。另外，随着模块化正成为数字软件中非常重要的服务亮点，对于具备一定专业知识的人群而言，拥有将技能变现的途径与渠道。

数字工具与数字平台的兴起，能够敏锐捕捉到这个趋势的个人与企业，先人一步拥有新的竞争力。这一步，对个人可能是新的职业机会，对企业可能就是命运的改变。

企业尤其是中小企业的所有者与管理者，应该认真面对技术这个课题，技术不等于技能，这里面有一个前置条件，即只有先理解技术并掌握具体的操作案例，才能将新的技术转化为自己的技能。当然，今天我们说到数字化场景，场景是关键。系统切成层次，能够展现出不一样的效率的体系才是具备商业价值的场景。那么，对于中小企业的所有者及其他管理者而言，需要掌握的不仅是单一技术,而是多种技术的组合与贯通。

新兴技术成为推动所有企业、产业、行业等发展的核心力量,而非新兴技术要素成为推动单一企业、产业、行业等发展的力量,这可能是数字时代的最大不同。

或许,你已经感受到了这股力量带来的影响。

Y企业是一家图示模型软件提供商,旗下的YT软件因为具备出色的流程、模型设计能力从被外资软件品牌把持的市场中脱颖而出。YT的出色还体现在其软件中提供了面向不同行业与岗位的大量模型,这些模型可以被直接使用、编辑,大大降低了图示、模型、流程设计的门槛,成为大量职场白领心目中的装机必备软件之一。

但与其他专业软件一样,YT也避免不了被盗版的命运,造成了巨大的损失,几乎到了倒闭的边缘。Y企业创始人敏锐地发现了云计算带来的技术变革,决心对YT软件做一次颠覆性变革:

(1)投入全部的资金研发新版本,增加思维导图设计软件业务,并增加面向Y企业旗下所有软件通行的ID系统。

(2)新版本的YT软件增加了共创社区功能,资深用户可以将自己基于YT软件设计的图示、模型设置成免费或者付费的方式向社区开放,其他用户可以直接使用或者支付一定费用之后使用开放的模型,Y企业抽成30%。

(3)增加新的付费模式,即按月、季、年付费模式,也可以一次性付费。

以上的核心改革,让Y企业的收入激增。

小董是一名项目经理,工作中经常需要绘制各种流程图,也需要制作模型。自从发现了YT软件,就没有换过其他软件。

当小董看到 YT 迭代新版本时,眼前一亮,尤其是 ID 登录的形式,不用再担心换设备带来的激活问题,还可以跨端口编辑,这样即便在出差途中,用平板电脑也可以快速编辑或者修改。

当然,相对于好用,小董更开心的是自己的专业能力有变现的途径。因为新版本 YT 增加的模板社区版块,可以让小董这样的创作者通过渠道获得不菲的收入。小董在业余时间,将自己曾经制作过的模型和图示用新版本的 YT 打开,完善后发到不同的社区中。

因为小董制作的作品具备非常强的专业性,并且价格低,收到了社区里的其他使用者的欢迎,部分作品甚至一直位居榜首,当然也给小董带来了不菲的收入。

Y 企业也没有想到创作社区这么受欢迎,于是赶紧跟进,推出认证体系,对优秀的创作者给予官方认证的途径,提升创作者对 YT 的黏性。

小董是第一批官方认证的专业创作者,让小董没想到的是随着 YT 软件在行业中的影响力越来越大,很多使用者尤其是企业用户不断向小董发出培训邀请,而小董这次也同样嗅到了新的机会。

3.5　更好的数字化解决方案

曾几何时,国内的信息化方案几乎清一色是由外资品牌提供的,无论是个人端所使用的专业软件,还是面向企业级的信息化解决方案,尤其是存储设备、数据库等软硬件,都离不开外资软件所提供的服务。长期依赖外资软件的局面,让正在努力走向信息化道路的中国企业一方面在核心技术上深受束缚;另一方面丧失了定价权,为数不多的利润几乎被外资大企业攫取而无可奈何。

在移动互联网时代里,发展起来的头部互联网科技企业感受更深。无论是底层操作系统,还是大量的集成开发环境(Integrated Development Environment,IDE)工具、编程语言,基本受制于人。庆幸的是本土移动互联网市场所带来的营收足以让头部互联网科技企业规划足够宏大的战略。云计算的突破就是在这样的背景下实现的,阿里云为此创造了一个新名词"去 IOE 化",IOE 代表着三家企业 IBM、甲骨文、EMC,其中 IBM 与甲骨文两家公司在国内非常有名,IBM 已经成为全球最大的信息技术和业务解决方案公司,而甲骨文公司的技术沉淀更为深厚,很多从事编程工作的人应该知道 Java 语言及 MySQL 与 Oracle 两大数据库品牌,当然还有VIRTUALBOX 虚拟机软件等,可以说比起 IBM 公司,甲骨文公司所沉淀的技术积累,对目前及未来的本土科技行业发展影响更大。EMC 公司已经被戴尔公司收购,在存储领域占据领导地位。

云计算技术的普及,以及云计算技术下的服务产品,给本土互联网科技公司带来了行业改变的希望,"去 IOE 化"不仅只是口号,还需要完善的技术解决方案才能实现核心技术的自主可控,这个不仅是当前环境下的产物,也是由中西方不同产业的发展特点决定的。中国本土互联网科技头部企业,所掌握的海量数据及需要的数据处理技术,可能是前所未有的,这固然是巨大的挑战,也给予了本土科技公司新的机会。

2009 年是个关键年份,SaaS、云计算等新名词的出现,为人们提供了新的视野,SAP 等外资品牌所研发的 ERP 产品虽然仍具备较大的影响力,但本土品牌正在崛起,并逐步开始占据主导地位。尤其是在云计算技术普及之后,ERP 的地位正被削弱。数据库领域,在亚马逊公司研发出首个云原生数据库 Aurora 之后,仅仅三年时间,阿里云就推出了自己的云原生数据库 PolarDB 产品,并于次年正式商用,核心技术正在逐步被本土品牌商所替代,这是最大的现实,同时这个现象正发生在绝大多数的领域,如图 3.17 所示。

当然,对于中小企业而言,过于高端的单一技术非常遥远,但是讲述以上内容,是为了让中小企业理解在数字时代,什么才能算得上最优的解决方案。

在关于数字化转型的若干书籍中,成功企业的案例数不胜数,问题在于相对于数字化进程中的大量中小企业而言,案例可以作为参考与学习对象,但涉及具体的场景、体系、流程、工具等非常详细的描述,又难以寻找到类似的对标案例与场景,所以对于本土的中小企业而言,只有及时掌握目前技术发展的趋势,才能选择最佳的方案。无论如何描述,本土化的选择就是最好的选择,对于中小企业而言,节省大量的时间与资金成本,性价比才是指向生存的具体坐标,这点尤为重要。

所以,笔者一直强调中小企业数字化转型的本土化解决方案,包括通过单一或者多个技术产品组合实现的数字化体系,况且本土技术发展已经能够满足中小企业数字化的需求。

P 企业的规模属于中等,在特别细分的行业里属于头部企业,拥有较强的研发能力,但是最近遇到一件烦心事。其使用的原型软件是由国外的一家名为 AX 的企业研发的,但是因为 P 企业并没有为团队购买正版软件,所用的都是团队成员自己下载的,这件

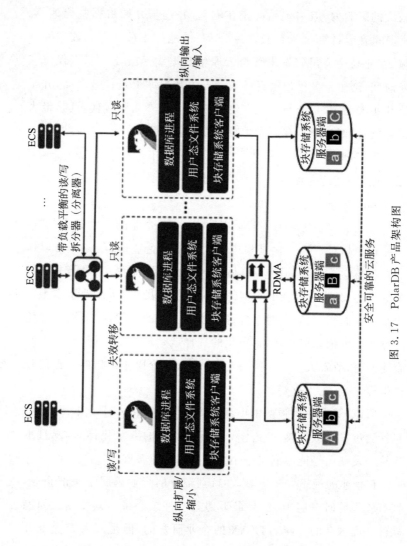

图 3.17 PolarDB 产品架构图

事情不知怎么被 AX 公司关注到了，AX 公司向 P 企业对外使用的邮箱里发了沟通邮件，但是没有被重视，导致 AX 公司因为找不到对接的途径，直接发来了律师函。

P 企业的负责人连忙找到核心团队成员开会，商议对策。会议上，大家一致认为 AX 软件是行业内几乎标配的软件工具之一，非常重要，关键是团队成员一直在使用，习惯很难被改变。P 企业负责人告诉了大家可能会产生的后果，所以提议大家尽快寻找替代方案。

P 企业的事情被一家 MD 本土软件公司知道了，辗转几次最后通过社交软件找到了 P 企业的人员，并与 P 企业负责人对接上了。MD 公司首先向 P 企业详细地介绍了其旗下的原型设计软件的特点，尤其是相对于 AX 软件的优势。P 企业负责人与核心团队看完 MD 企业的介绍之后，顿时有了解决方案：

（1）主动联系 AX 公司，协商解决方案，并主动签约三年，争取到最大的优惠政策，然后一次性支付三年的费用。

（2）邀请 MD 公司的技术人员到 P 企业担任技术顾问，对涉及的部门进行技术培训。

（3）P 企业内部开始着手更换设计软件，逐步通过 MD 软件创作，因为 MD 支持的文件格式与 AX 软件几乎一样，所以兼容性上几乎不存在问题。

（4）排查公司内部因为工作所需，使用的软件是否还存在不合规的问题，如发现，则立刻寻找替代方案。

（5）公司采购模块增加数字软件工具评估业务，每季度更新一次涉及公司所需软件工具的市场分析数据，报告直达公司第一负责人。

经过排查与调研发现，除了一款涉及研发的工业软件无法替代之外,其他软件工具已经能够寻找到替代的方案,并在整体成本上降低了一些。

同时,MD公司那边也传来好消息,因为致力于核心技术的突破,所以获得了一笔不大不小的奖励,核心团队决定将这笔资金用来激励客户企业参与到软件的共同研发中来,P企业非常符合筛选的标准,所以P企业提出的任何改善建议一旦被采用,将获得一笔奖励。

另外,经过P企业的认真调研与反馈,当地政府部门为他们寻找到国内的一家工业软件开发企业,该企业致力于这个领域多年,其研发的软件虽还不能完全替代P企业正在使用的软件,但是差距已经非常小,他们非常欢迎P企业一起参与研发工作,并给予了免费使用三年的优惠政策。

P企业至此才感觉到安全,并意识到需要重视本土化选择。经过大家协商一致,每年拿出一部分资金投入到和自己研发工作紧密相关的专业软件供应商的扶持中,既积极扶持本土软件开发商,也提升了自己在专业软件领域的话语权与影响力,扩大了自己公司核心技术护城河面的宽度,提升了企业的安全感。

3.6　人才,还是关键因素

信息化浪潮来临时,管理界曾提议每家企业都需要一位首席技术官(Chief Technology Officer,CTO)的角色,以应对信息技术普及带来的竞争危机。数字时代需要全员理解技术的价值,企业的最高负责人应该首先理解技术,并尊重技术要素带来的积极意义。

人力资源和社会保障部于 2023 年发布的 18 个新职业信息中，数字化解决方案设计师位列第五，而与数字化相关的职业多达 8 种，可见数字化趋势带来的影响力。

可见的未来，数字化人才，尤其是面向企业级市场的数字化人才将变得炙手可热，他们不仅需要让企业组织成为数字组织，还需要从若干的方案中寻找最佳的方案提升企业运行的效率，降低运营成本，推动实现数字网络中没有盲点。

对于中小企业而言，对数字化不应该再抱有观望的态度，不可逆的发展趋势对于习惯往往会以更大的惯性推动一切重构，这个场景已经在移动互联网时代发生过了。

人才，尤其是懂技术懂运营的人才将是企业新的重要资产。对于个人而言，数字化带来的职业机会，将是个人改变职业路径与命运的一次机遇。

相关研究显示，2013 年至 2021 年，以传统和新兴数字人才培养的高校和专业数量为评价指标的数字人才指数由 1000 增至 6440.46，增长了 6.44 倍。但数字人才的数量远不能满足数字经济发展的需要，数字人才缺口巨大，而且伴随着数字产业化和产业数字化的快速推进，这一缺口还将继续扩大。数字人才缺口主要表现在数字管理人才、数字基础研究和技术研发人才、数字应用人三类。

3.7　被流程、效率固定的岗位

一部电影《大创业家》揭示了流水线在工业化时代带来的影响，精准的环节把控及流程化曾是麦当劳起步的关键。当各个环节的人都被转化成为效率的"螺丝"时，正如主人公说的那样"这是一场效率的交响乐，而非浪费时间"，如图 3.18 和图 3.19 所示。

图 3.18　麦当劳早期的内部布局

图 3.19　麦当劳早期创始人

数字化时代考虑到智能化工具，这将使效率得到更直接的体现。通过数字软件工具衔接而打造的数字运营体系，岗位即 ID，而 ID 不再依赖于人，更依赖标准化的流程。

每个数字软件中的 ID 号，一切使用痕迹都将转变成可视化数据。无论是对企业所有者而言，还是对协同工作的其他 ID 来讲，具体工作不再是说不清道不明的流水账,而是能够被数字软件工具分析出对与错的数据、数字,并且能够对每个 ID 背后的人形成非常详细的分析模型。

数字模型化、业务模块化、沟通协同化、行为数据化、效率可视化等新变化,将流程的价值发挥到最大化,更将岗位重新定义为效率机器,这看似是危言耸听的说法,但就是目前正在发生的事实。

另外,智能化工具正逐步在数字工具、平台中被广泛使用,自动化、智能化及其技术带来的工具,我们在日常生活中已经能够触及到。客服机器人可以灵活设置多样化的与不同性格客户沟通的自动化场景,它们更耐心,而且通过深度学习技术,正在走向更加智能的阶段。虚拟人技术也正在走向企业级服务市场中,可定制的外观、可设置的性格等,都能够给客户带来全天候的沟通与服务体验,这些都是技术带来的影响。

那么 ID 背后的个体,是否能在这轮数字化浪潮中重新定义自己的角色,并发挥新的作用,这将是企业与个人新的研究课题。

另一个涉及思考深度的课题是我们更应该从技术普及的场景中看到未来,哪怕该技术场景还存在瑕疵,但需要理解一旦该项技术或者场景是趋势、是可以确定的未来,那么在海量的人才、时间、资金投入其中时,成熟可能只是时间问题,即便是只能走到相对成熟阶段,也足以产生巨大的影响,并触发行业、产业发生巨大变革。

第 4 章

数字网络中的软件工具

当我们提及数字软件工具时,首先需要回答一个问题,即从我们熟知的软件工具转换到数字软件工具,这中间发生了什么?数字软件名称前增加了数字,是不是为了适应数字时代而随意增加的名词,实际上并无实际意义?

如果要回答上面的问题,则需要对比软件的体验模式的变化。

首先,独立的客户端形式是传统软件销售的基本形式;其次,即便是同一企业下的多个软件也无法通过 ID 账号实现权益同步;再次,几乎没有对外的协作功能。

传统软件的局限性也意味着开发成本大并且周期长,这就是为什么很多优秀的软件,在投入大量的资金成本后收益往往非常小。

数字形式给软件带来的变化不仅只是协同性,还意味着权益的统一,付费用户不再依赖激活码这些看似安全但是实则无效的验证措施。更为关键的是数字软件打通了其他数字平台与软件,让独立的软件工具或软件平台所产生的数据不再是孤岛,在整个数字网络中,也是协同网络的一个环节,这就是最大的变化,也是根本性的转折。

4.1　专业软件的云时代

即便在 2018 年,微软公司在 Office 2019 企业版本上架前还说会继续提升销售价格,但是今天打包销售的模式几乎已经消失,全部改变为面向按照数量或者时长付费。

Office 365 于 2020 年正式更名为 Microsoft 365,微软算是专业领域里比较早的转向云计算服务的头部科技公司,旗下大名鼎鼎的 Office 最早面向个人推出 365 版本,允许独立个人用户可以按年付费,大大降低了个人用户使用专业软件的门槛,如图 4.1 所示。

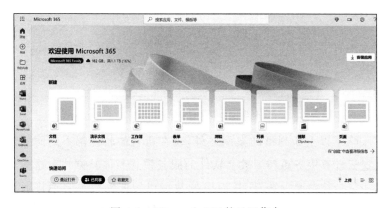

图 4.1　Microsoft 365 的云工作台

本土办公软件的先行者 WPS(现改名为金山办公),则走出另外一种模式。原先的 WPS 实现了同一个 ID 多个端口数据同步,而衍生出的另一个产品系金山文档走向了与腾讯文档、石墨文档等云软件一样的发展路径，如图 4.2 和图 4.3 所示。

图 4.2　不同端口版本的 WPS

图 4.3　金山文档的操作工作台

除了以上所列举的案例之外，现在所有的软件都不约而同地通过云计算服务重塑了数字软件的服务模式与体验方式。这些得益于云计算技术的普及，让海量的数据以较低的成本实现打通成为现实，也推动了软件转向另一个新的场景。云计算技术特点中的分布式计算等，让大规模数据处理不再是难事，更为关键的是，让专业软件也能够面向用户提供更为个性化的服务，如图 4.4～图 4.6 所示。

图 4.4　金山文档的功能模块　　图 4.5　金山文档移动版本中的拓展功能

（包括集成的第三方应用）

　　上云成为专业软件的新特点，因此而来的则是用户与用户之间，软件开发商与用户之间均能获得更加丰富的服务与沟通。

图 4.6　金山文档的模板库

协同这个特点便是上云后的软件所呈现出来的特点,让用户依赖网络,或者仅仅通过网络也可以实现原先线下的工作场景,促成了自动化与无纸化的场景进一步来临。

4.1.1　云端的专业软件

如今,一款软件如不能有效地解决协同问题,包括跨端口创作的问题,几乎难以从海量的软件方案中脱颖而出。跨端口成为数字软件的标配,尤其是在移动化的背景下,适应移动智能设备也成为新的趋势。

数字软件带来的另一个变化则是让用户成为贡献者,成为数字软件生态中的建设者,这也是我们目前熟悉的场景。从纯粹的用户转向创作者,以便丰富软件的服务场景。低代码与无代码也是如此,组件算是低代码与无代码平台新的变现产品与服务。相对于完整的软件产品,组件的提供形式要更加简易,重要的是组件的形式让软件开发模块化了,意味着任何个人或者企业在为自己的运营开发产品时,也可以拆解成组件提供给其他需要的个人用户或者企业用户,如图 4.7 所示。

图 4.7　国内某低代码平台的插件商城页面

对于平台方而言,足够多的组件选择也让自身开发的 IDE(中文名称为集成开发环境,用于程序开发环境的应用程序,一般包括代码编辑器、编译器、测试器和图形用户界面等工具)工具对用户的黏性极大提高。

云上的软件与独立的程序安装包看似一样,实则前者更能为用户提供更多的服务与形式,包括我们谈论到的用户身份的转变,这些是只有进入云时代才能看到的场景与现象。

当然,对于单一品牌下的多个软件工具机构来讲,上云也能够解决安全与盗版的问题。

4.1.2　专业软件的新分发模式

很多人的第一次在线付费可能要追溯到网络游戏,此外还包括在线阅读、购物、直播打赏等早期的在线付费行为。移动支付普及之后,让在线支付成为习惯,也成为一种趋势,让我们的生活走进了无现金社会。

无现金社会的到来并没有提升人们对虚拟服务支付的兴趣,在很长的时间里,在线支付主要为了购买实物商品,大众尚未形成对虚拟服务或者产品支付数额较大费用的习惯,这导致在很长时间里,为软件付费并不是很好的商业行为,尤其是面向用户级消费市场,在专业市场把持着话语权的外资软件品牌,基本将视线一致面向了企业级客户,大量的个人用户被排斥在视线范围之外。2014 年当微软公司旗下的 Office 365 云服务正式落地中国时,面向的客户依然是中国企业与政府机构。

伴随着会员付费模式一起走到我们视野中,还有在 2016 年兴起的知识付费行业,这两者推动了虚拟消费习惯的普及。对于我们今天而言,知识付费可能只是一件已经习以为常的消费行为,但在十年前却是不可想象的,没有人会认为这个领域会孵化出规模较大的企业,然而我们不得不承认的是较大规模的虚拟付费的场景,正是在前者的作用下而逐步形成的。

大部分人第一次为软件应用付费,可能是在智能手机的应用商店里购买的一款付费 App,移动互联网孵化出的应用商店这种形式改变了应用分发的模式,并推动人们为软件付费,这个习惯被延续到企业级付费软件市场。如果说价格曾是最后一道门槛,则大量应用于工作场景的专业软件也适应变化,调整了传统的付费模式,按需付费,按月、季、年付费,或者一次性付费等多种灵活的方式,让个人用户面对成本的感受正在减弱,继而增加了为软件付费的习惯。大众消费习惯的改变,以及版权意识的提高,都让付费软件市场(包括面向企业级付费软件行业)迎来了发展的黄金时期。

　　在过去固有的印象中,使用软件只不过是每个人一生中需要的诸多技能之一,而在数字时代,掌握数字软件工具的能力也正成为衡量个人职业能力的标尺。当然并不是说在过去不重要,只不过在数字化趋势下,数字工具集成化、协同化等特点,让其已经朝着类平台、类生态的方向发展,与以往我们熟悉的数字软件已经有了很大的区别,由此促使个人的职场竞争版图也在发生巨大的变革与调整。

　　以上的场景非常好理解,在上面的内容中,以及在我们分享的案例中,无论是小鹅通这样的 SaaS 软件,还是金山文档这样的云软件,它们都集成了与其核心功能关联的第三方应用,这等于将自己作为一个工具平台,在这个平台可以完成除本身功能之外其他的工作任务。同时,也赋予了使用者在更短的时间内完成更复杂的任务目标的可能性。无论是效率还是创作能力,都与过往的软件有较大的不同。

　　中小企业也是如此,特定的商业环境决定了其难以做较为长期的规划,所以非常依赖运营的灵活性。随着产权意识的觉醒,尤其是更大的惩罚力度与潜在风险,如果有灵活的付费模式,中小企业就可能成为专业软件的付费用户。

　　以上带来的影响,也从另一面促进了创业者与软件开发商保持持续创新与研发的动力。由点及面,对于整个生态而言才能进入一个良性循环的关系,最终收益的必将是整个行业,当然也包括依赖专业软件完成工作的人群与实现商业目标的企业组织。

　　一个可见的结果是,无论是 WPS 这样的传统办公软件提供商还是因为封禁而脱颖而出的 Pixso 这样的新兴软件,包括低代码与无代码平台等,我们今天可以选择的软件尤其是本土化的软件更多了,几乎到了一切可替代的局面。

当然,在基础研究与工业软件领域里,我们依然有很长的路要走,越专业越细分的行业,专属软件的功能研发不是最大的挑战,但面向行业的数据沉淀与因此构建的生态环境,才是一款软件脱颖而出的最大障碍,例如 MATLAB、SolidWorks 等。先行一步的欧美国家在专业软件领域的积累已经足够深,覆盖到绝大多数的领域,而且完成了整合与集成的阶段,很多我们熟知的软件几乎来自同一个公司,如进行平面设计所需要的 AI、PS、ID 三款软件,进行网页设计时需要用到 Dreamweaver、Firework,甚至在进行多媒体设计时需要用到 After Effects、Premiere Pro,这些软件属于 Adobe 家族,此外 Autodesk 家族也拥有大量专业软件。对比这些,我们才能感受到本土软件品牌崛起的意义,如图 4.8 和图 4.9 所示。

图 4.8　Autodesk 家族核心产品

对于本土的软件品牌而言,一个愿意付费的超大规模市场才是未来真正的机会。数字时代,尤其是中小企业的数字化转型浪

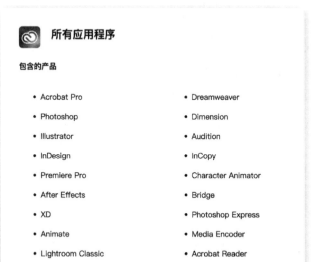

图 4.9　Adobe 家族核心产品

潮为本土化软件开发商提供了新的历史机遇。当然,我们也乐于见到大量本土化的软件品牌,这样意味着我们将会有更多的选择,还有更多的体验形式。

数字时代,上云面向用户提供更多样化的服务和协同等特点,使软件工具与数字网络之间实现了互联互通,不再是独立的孤岛,这些向很多能够嗅到机遇的软件开发商包括创业者等提供了机会,并参与其中,成为重塑格局的力量。

4.1.3　移动化、协同助力专业软件的崛起

iPad Pro 发布时,苹果公司所讲的面向移动办公场景引发了人们的质疑。因为一款增加了键盘的 iPad 并不能替代 PC,也难以成

为满足人们办公需求的新设备。变化来自苹果公司推出了自己的自研芯片,至此掌握了自有系统与芯片的苹果公司让人们体验到了不同设备端可以互通的可能。

新版 iPad 搭载了 PC 级别的 M2 芯片,与新发布的 iOS 16 一起成为新的亮点。这里重点不是介绍苹果的设备,而是苹果通过自研芯片与底层系统而实现的不同终端设备的协同能力。硬件层面通过自研芯片,在苹果的 PC 设备上能够运行原先在移动端运行的应用,而在新的移动操作系统中,增加台前调度等功能,让移动设备趋向只有传统 PC 端设备才能实现的功能,如图 4.10 所示。

图 4.10　iPad 与 Mac 协同工作的场景

国产品牌华为新的口号是构建万物互联的智能世界,体现在终端上就是人们工作中常用的 PC 设备成为超级终端。从单一超级终端到任意超级终端,这才是万物互联的场景。这是从硬件设备的角度上看,如果再看底层系统,则会发现软件走向统一也是新的趋势,兼容不同设备的应用正是头部科技公司力推的未来,如图 4.11 所示。

图 4.11　华为公司的多屏协同场景

软硬件的融合与互通让跨设备协同成为现实,生活的移动化、工作的移动化成为已经习惯的日常。当 iPad 通过数据线可以与第三方显示器有更好的兼容时,结合鼠标与键盘这样熟悉的工具,一台 iPad 瞬间转化成一台性能不弱的 PC 设备。当我们觉得用手机回复消息或者发布内容缓慢时,通过华为公司的多屏协同场景,可以使用华为笔记本实现通过 PC 设备回复手机中的消息,甚至发布内容等,以上应用场景至少将我们的工作效率提升了几倍乃至几十倍。

如今移动设备的性能已经能够满足很多工作所需要的软件对硬件的要求。当然,更大的推动力则是大量的软件开发商都可以通过统一的数字平台开发出适配移动场景的软件应用。基础的条件成熟固然是动因,但数字平台的统一带来了巨大的产出效率,刺激更多的力量投入到这个场景中,继而形成繁荣多样化的生态环境,让所有人受益。

无论是移动化还是协同能力,这已经成为软件新版本的标配,也成为新崛起软件的基本竞争力之一。趋势是一种很玄妙莫测的力量,我们需要清晰地认识到任何趋势的到来,背后是多种技术要素的突破,而非单一技术的破局。这与过去不同,核心技术固然重要,但是场景、配套技术要素如果无法突围,依然发挥不了核心技术带来的价值,尤其是在大规模应用市场。

4.1.4 无法盗版的专业软件

很多需要经常使用不同领域的专业软件的用户已经能够感知到,盗版的现象正在逐步消失,或者说即便是我们自身,也正在逐步习惯为使用的软件付费。这样的现象并非是短时内实现的。智能手机普及后带来的新应用分发模式,确实给软件应用带来了一次发展红利。所有的智能手机品牌厂商推出的应用商店用来推进正版软件的分发,国内的用户已经非常理解并熟悉这个场景,也习惯了为有价值的软件应用付费。正是这个前提,B 端软件也有了潜在的付费用户的庞大基础。

环境的变化也是一大因素,人们对知识产权的理解与尊重已经不同往日,最大的变化是对虚拟产品与服务态度的改变,这在十年前是难以想象的;另一个因素是参与力量的变化,尤其是软件应用的分发力量,一般头部科技公司或者具备一定影响力的品牌商,为了推动自身软件应用生态的发展,也会投入力量打击盗版行为。当然,伴随着互联网产业的发展,对应的政策与制度也逐渐完善起来,对知识产权违规等行为有了非常详细的判定依据与解释。

随着以自媒体为代表的内容创作经济形势逐步成为影响广泛的新兴产业,很多内容平台推出了知识产权维权的服务,并且所有的平台都上架了类似的功能,这些充分说明知识产权意识正成为社会共识,如图 4.12 所示。

图 4.12　某平台面向创作者的版权维权功能与服务

付费习惯的养成、多种力量打击盗版行为等,这些促成了因为盗版带来的软件产业发展问题得到了有效抑制。尤其是用户付费习惯与分发模式,成为商业软件发展的坚实基础,并获得了长期发展的有利条件。

从单一模式的买断式付费到按时间、按版本付费等多样化付费形式,降低了用户进入的门槛,毕竟对于需要专业软件的群体而言,大概率能够从专业软件获取更多的职业机会,并且其带来的收入远远高于支付的成本。这个前提也让用户付费的意愿增加,如图 4.13 所示。

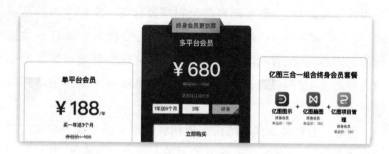

图 4.13　亿图系列软件的付费模式

　　数字平台作为工具集成平台,也提升了软件采购的透明度,对企业级用户而言,灵活的付费形式与采购价格的透明化,以及可控的软件资产管理形式等,都让企业用户增加了采购的意愿。数字时代,数字体系的建设离不开软件工具的运用,体系化运营离不开数字软件的参与,数字工具产出成为企业重要的资产之一,这与传统中的其他企业资产一样,成为必然的配置与选择,如图 4.14 和图 4.15 所示。

图 4.14　某数字平台集成的第三方应用采购模块

图 4.15　数字平台中第三方应用的采购页面

对于个人而言,日趋完善的底层系统,更多样化的选择,更好、更完整的功能体验,也在提升个人为专业软件付费的意愿。

4.2　从单一工具到综合服务站

为了提升内容撰写、排版与发布的效率,让集成化的在线撰写与发布工具成为从业人员非常需要的需求,与传统的创作工具相比,新兴的在线撰写工具能够提供更加丰富的服务,尤其是围绕内容的综合服务,甚至包括版权服务,如图 4.16 所示。

图 4.16　某知名自媒体发布工具页面

　　自媒体平台本身都在努力优化自身的编辑工具,并配置了很多服务功能,但对创作者而言,同一类型的内容形式想要同步到主流的媒体平台依然是一件工作量巨大的事情,一键发布工具正是在这样的背景下诞生的。

　　IFONTS 字体助手是一款非常小众的数字工具,很多人可能不知道,简单来讲就是一款可以支持多款软件一键调整字体的应用软件,无论是正在制作的演示文件还是设计文件,如果想要替换字体,选择这款软件中的字体,一键就可以替代。该软件面对个人与企业开放,也提供了商业版,如图 4.17 所示。

　　很多人擅长撰写 PPT,而在如今短视频内容更受欢迎,很多人非常需要一键将 PPT 转换为视频,这时推荐使用来画这个平台。来画与可画仅一字之差,实则都是低调的独角兽企业,估值都在百亿元以上。今天我们不关注来画背后的企业,而是谈谈来画这个创作平台。来画是非常典型的从单一转向综合服务站的案例,那

图 4.17　IFONTS 字体助手软件界面

么可以通过来画完成哪些创作任务呢？

（1）平面设计任务：可以通过来画的大量模板进行二次编辑，完成所需要的海报、轮播图等设计任务。

（2）音视频编辑任务：只需通过网页打开来画的工作台界面，便可以完成绝大部分音视频所需要的编辑任务，功能非常齐全，甚至超过了独立的专业软件。

（3）数字人创作任务：数字人是伴随着元宇宙概念逐渐普及的应用落地场景，可以通过来画的工作台定制属于自己的数字人。

（4）PPT 转视频任务：完成的 PPT 可以通过来画的工作台，实现动态化的视频内容呈现。

以上是主要功能，还包括在线白板等，同时可以提供正版素材。从这些角度出发，我们无法将来画定义为单一的专业创作平台，而是一款跨设备、跨端口的在线创作工具平台，向我们提供了非常丰富的综合工具应用，如图 4.18 所示。

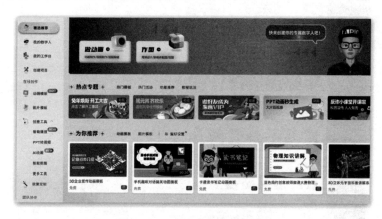

图 4.18　来画官方平台页面

从 IFONTS 字体助手到来画，我们分开来解析。IFONTS 字体助手是非常典型的提供了单一产品与综合服务的数字工具平台，呈现出能够适配多个软件工具，并且能够通过协同与团队之间发生较强的联系。来画则不同，它非常类似我们曾使用过的那种性能非常强大的工作站 PC 设备，它几乎回应了多个方面的全方位服务。

重点是这样的数字工具平台并非在这里介绍的案例，而是在不同的领域均有类似的案例。从单一工具到综合服务站,这是数字时代里的软件工具呈现出的新特征,它们最终的指向则是以倍数提升个人创作与工作的效率,而这也是发生在我们生活中的现实,它们也将对个体与企业组织的竞争力产生重大的影响。

4.2.1　集成的软件工具

写作猫是一款文字创作平台,它可以为用户提供大量的范式撰写功能与服务,包括 AI 写作。如果你是一名以文字为生的创作者,则这款工具可能会让你爱不释手。笔者乐于将写作猫称为平台,而非单纯的创作工具,原因在于它集成了绝大部分文字创作所需要的功能与服务,例如校对、词典、图片素材等图文创作所需要的撰写服务,如图 4.19 所示。

图 4.19　写作猫的创作平台功能页面

MarginNote 从表面上看像是一款思维导图软件,非常受学生与研究人员喜爱,虽然根植于 Apple 的生态,尚未进入 Windows 生态,但是依然受到非常多的人喜欢。它有一个非常功能,用户完成思维导图的创作并定义好文本框之后,选择研究功能,在右侧可看到独立的窗口,可以快速寻找到关键词对应的外语释义,也可以寻找到对应的学术内容,甚至能够通过搜索引擎查询关键词的相关网页内容等,这些都可以在一款软件中完成,那么这样的软件还仅仅是工具吗?如图 4.20 所示。

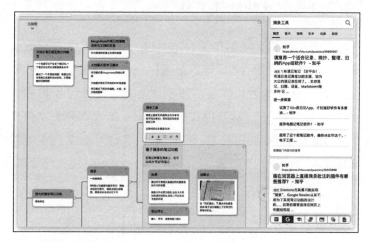

图 4.20　MarginNote 操作界面

Style3D 是服装设计行业新崛起的一匹黑马,它属于 3D 柔性仿真工业软件,对于行业之外的人可能不熟悉,但是在服装行业已经有足够大的知名度。2022 年媒体报道 Style3D 获得近 1 亿美元的融资,得到一些知名投资机构的投资,如图 4.21 所示。

Style3D 作为行业专业数字工具,一方面能够帮助品牌商在设计作品时即时呈现出非常真实的效果;另一方面根据建模技术与渲染技术,接近真实地模拟作品在使用时的真实场景,这个功能非常节省品牌商的时间,而时间就是巨大的成本,如图 4.22 和图 4.23所示。

图 4.21　Style3D 官网

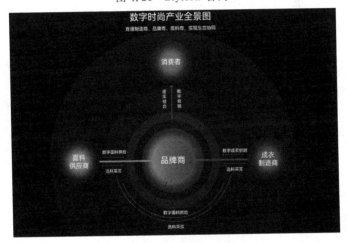

图 4.22　Style3D 的核心技术(1)

图 4.23　Style3D 的核心技术(2)

Style3D 也可以视为创作平台，集成了服装从设计到效果、展示一站式的服务，这就是其强大之处，如图 4.24 和图 4.25 所示。

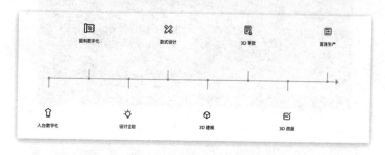

图 4.24　Style3D 实现的研发全链路流程

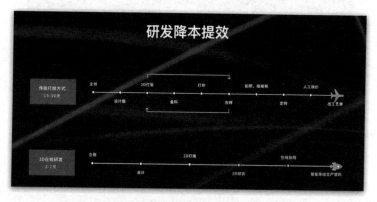

图 4.25　Style3D 的研发降本提效的对比图

Style3D 在提升效率方面还体现在数字资产的提出，数字资产包括数字模型部分，数字模型都是可以被反复利用的组件，对于企业而言，这些就是企业的数字资产。同时，对于专业从事设计的公司而言，通过 Style3D 设计的产品包括数字模型及组件，在逻辑上都是可以作为交易的商品。

Style3D 是非常典型的数字软件工具，也是一款非常典型的集成化软件平台,而事实上这些案例正越来越多地出现在我们面前。

显然,软件作为工具的基本属性依然没有变化,但是角色变了,能够提供的服务内容增加了。这就是在数字时代崛起的软件工具的新特点,它们既立足于工具本来的属性,又增加了新的内涵,让用户一旦使用就再难以离开。

集成化成为软件工具的新特点,也正是这样的特点,我们更乐意将这些软件工具同时称为创作平台,考虑到整个数字网络中的庞大创作数量与产业力量,我们也习惯将过去单纯使用软件工具完成任务的活动更新为创作活动。

4.2.2　独立的生态

无论是独立客户端形式的工作界面还是 Web 形式集成多种功能服务的工作台,当用户非常或者习惯某一款软件时,同时意味着用户的时间被深度占用。这个场景是不是非常类似我们曾经历过的在线化场景。很多科技公司在垂直领域取得绝对影响力之后,便不断拓展边界,发展跨界业务,用户黏性越强的平台,跨界发展的冲动也越强,背后的原因就是用户成为非常稀缺的资源,一旦平台对足够多的用户形成强连接,那么也就意味着获得了拓展关联业务的能力。与早期互联网阶段不同的是随着在线化进程的加深,用户从增量进入存量阶段,用户在线时长已经被各个平台瓜分,谁占据了用户的时长,谁就具备了业务拓展的能力。

曾经的单一服务都在走向综合服务,被我们用于导航的地图类应用除了可以提供定位服务之外,已经围绕吃住行搭建了非常丰富的综合服务生态。被我们用于叫餐服务的外卖应用,已经提供了买药和买生活用品等服务,即便是曾非常专一的叫车应用与游戏应用,都在想办法成为能够辐射到更多关联服务的综合平台。

网约车市场一直是一家独大的局面,2021年滴滴出行被暂停新用户注册之后,很多人都以为其他类似平台,例如区域性的网约车品牌或者其他竞争对手会成为最大的赢家。但是这期间地图应用品牌以网约车聚合平台的身份出现在我们的视野中,并成功吸引了大量对叫车服务有巨大需求的人群,现在的地图应用除了提供传统导航功能之外,还兼顾着综合服务与叫车业务,转型成为综合性平台。

用户的时间成为互联网科技公司抢占的新要素。用户习惯可以被培养,唯独用户时间显得极为稀缺,任何软件应用都尽可能地拓展用户的在线时长。同样的案例在数字软件中也是如此,新兴的软件工具都在朝着这个方向发展。

无论是抖音,还是B站,甚至包括视频号,都推出了自己的创作工具,从而达到让用户从创作到发布的一站式服务,纯粹的软件工具越来越少,究其根本,软件工具的开发商都希望用户将同属性的时间停留在自己的平台上。协作文档在刚开始只是文档创作的工具,最后发展到围绕文字同类型的创作工具,可以创建各式各样的收集表,可以依托协作文档工具实现方案的撰写等,如图4.26和图4.27所示。

那么,我们如何定义眼前这些熟悉的软件工具呢?悄无声息中,我们发现原本完成所有工作任务需要很多软件工具才能完成,但是现在只需几款软件,甚至手中常用的一两款软件工具还在拓展功能,最终可能只需1~2款常用的软件工具,就可以完成我们的大部分工作任务。

图 4.26　剪映官网

图 4.27　剪映 App 数据

　　由于一款软件可以替代原本 1~3 款软件才能完成的任务,因此培养了我们的使用习惯,这款软件已经建立了相对独立的生态,成为新的场景。

　　数字网络的规模定义是自由的,我们可以从一个国家或者地区的视角看待数字网络,也可以从产业和行业的视角看待数字网络。当然回到网络中,我们也会发现以一款软件为中心所构建的数字网络也是最为紧密的局部网络,并通过对外协作与连接成为大的数字网络中的一部分。

4.3　被可画、来画重新定义的职业

职业竞争力正在被重新定义，这种感受对于很多人来讲并非那么强烈。大家只是感觉到变化，而非被变化带来的冲击击倒。上面提及的很多软件带来的变化，仍未受到足够重视，尤其是在很多被视为需要具备专业能力的领域里，人们依然将熟悉、常用的软件工具视为进入此领域的基础门槛。

根本原因是我们忽略了问题得到有效解决的关键，而通过什么工具解决问题并非重点。有效地解决问题才是关键，而非强求一定要通过熟悉的工具解决问题。正如企业的根本是解决效率的问题，而非纠结于经验是否能够被适用。类似的道理看似很简单，但习惯的惯性依然能够成为认知突破的障碍。

短视频作为个人与企业关注的重点，通过软件技术与设备性能的升级，现在很多智能手机设备结合优秀的 App 也能完成高质量的视频拍摄任务，而非一定需要通过昂贵的专业拍摄设备实现，正如剪辑软件工具也非一定需要那些专业且安装非常麻烦的方案。事实上，对于很多个人与企业的短视频内容创作需求，有更多简易且性价比高的解决方案。

当以来画、可画这些软件来作为案例时，大部分人应该感受到那些曾要求极高的创作活动与职业，对于中小企业而言，已经有了更具性价比的选择。对于个人而言，可以通过这些新兴的软件工具的组合，提升解决问题的效率与能力，这才是最重要的。

变化不一定意味着跟随,但是变化如果带来了效率变革,就值得关注。

同样的问题也发生在数字化转型这件事情上,我们谈及中小企业数字化转型时,最具性价比或者适合企业发展的才是最好的方案。当然,数字时代带来最大的变化是技术认知水平决定了选择的价值。很多中小企业的经营者将数字化还停留在信息化或者研发软件的基础之上,这样思考的结果一方面会被跨界的现状所击垮;另一方面会走偏方向,带来大的时间与资金成本。

4.3.1　设计更简单了

任何一家企业在成立之初,最基本的工作是先设计自己的标志,在开展营销活动时需要制作对应的物料,包括 DM 单、POP 等,而在视觉传达设计学科里,包含的内容则更为广泛。这是从职业的角度看待的,实则即便在我们日常的生活中,所需要的视觉设计技能也是广泛的,我们在网络中发布头像及撰写自媒体图文内容时需要图片设计等。诸多设计类别中,唯独平面设计所涉及的领域最为广泛,学习这门专业的人也应当知道,从视觉传达设计这门课程中,所学习到的基础内容,也能够在静态网页设计及三维场景设计中应用。

在一切视觉化的网络世界中,设计尤其是平面设计几乎成了企业中的标配岗位,文字、图片作为互联网中最为基础的传播要素,也是最为了方便的传播要素,在短视频世界依然遵循这个规则。

众包模式在产业链管理上非常流行,简单概括就是将对劳动力成本非常敏感的环节外包给性价比较高的国家与地区。互联网时代，众包模式被延伸到很多行业，最为典型的则是软件开发行业，为了减少工程师的人力成本，很多公司会将部分开发任务外包给对应的公司或者可以兼职的工程师个人。由此诞生了威客这种商业模式。设计也是最早被该模式覆盖到的领域。

对于中小企业而言，威客模式虽然在一定程度上解决了成本的问题，但并没有完全解决问题，正如前面所讲的那样，任何企业围绕品牌、营销、运营等活动所需要的设计内容依然是庞大的，也是非常琐碎的。如果全部采用威客模式，成本支出依然非常巨大。百度百科对威客的解释：威客的英文 Witkey 是由 wit（智慧）、key（钥匙）两个单词组成，也是 The key of wisdom 的缩写，是指那些通过互联网把自己的智慧、知识、能力、经验转换成实际收益的人，他们在互联网上通过解决科学、技术、工作、生活、学习中的问题从而让知识、智慧、经验、技能体现经济价值。

这或许就是在线设计模式崛起的机会，可套用的模板和简易的操作步骤等，一方面赋予了企业自主设计的能力；另一方面也解决大量琐碎的设计任务。这样的模式带来的效率才是现实所需，也更加实际。

模板化是在线化设计服务最为常见的功能与服务，个人用户与企业用户不需要具备非常专业的设计知识体系，通过简易的培训就可以上手。

创客贴与创可贴谐音，其并非是医疗行业的从业企业，而是一家在线设计品牌，成立于 2014 年。创客贴的产品发展路径与其他在线服务平台几乎一致，从 Web 端起步，逐步拓展到移动端、PC 端等全端口。

创客贴与另一个在线设计品牌可画的不同之处是前者的业

务已经触及平面设计的全流程,从全品类设计任务到定制服务、印刷服务,后者仍专注于扩展设计品类与服务功能,如图 4.28 所示。

图 4.28　创客贴的官方网站

创客贴的服务不仅面向个人用户,也面向企业级用户,甚至开放了 API。当你是一家中小企业主时,你面对创客贴这样的在线设计平台,还会选择招聘独立设计师吗?或许你与其他中小企业主一样,更愿意将成本花费在创客贴这样的在线设计平台上。

另一个关键是在线设计平台与其他数字平台一样,所有的数据跟随 ID 走,而非跟随个人,对于企业而言成果更易留在企业可控的范围内,而非私人化。这样的场景,对于企业而言充满诱惑力。

4.3.2　案例

小邓曾是一名职业设计师,所在的企业规模不大,但是围绕渠道运营所需的设计任务并不少,尤其是繁杂且多样化的物料设计,遇到活动频繁的阶段,小邓住在公司是常有的事情。

小邓一直渴望的是公司能够为他升级新设备,他非常青睐某公司生产的 PC 设备。某公司的 PC 设备几乎是小邓所在领域里普及度最高的设备,但是,小邓和老板沟通了好几次,都以太贵为由拒绝了,动辄上万的费用是一笔不小的开支。

最近,公司又要做一批物料用于渠道的新产品体验活动,物料中有一幅五六米长的喷绘,整个文件达到了 2GB 大小。小邓一直使用的计算机突然卡顿了,再也无法进行任何操作,小邓非常沮丧,按照以往的经验,只能重启。因为公司无法支付正版软件的费用,很多功能无法正常使用,也意味着小邓只能在重启之后重新再做一次,但会不会遇到同样的问题,小邓也没有把握。

因为设备的问题,造成小邓工作效率越来越低,却被老板认为是工作态度的问题。小邓偶尔参加某个论坛时,被一款软件介绍吸引住了,这款在线设计平台对设备性能的需求更低,只需在网络环境较好的情况下,处理速度是以前的几倍。

小邓回去之后,赶快注册了账号,并很快适应了该平台的操作习惯。经过认真对比发现,小邓所在公司的很多设计任务可以通过这款在线设计应用完成。最为常见的是朋友圈发的海报,因为无须考虑印刷等问题,直接使用该平台提供的大量模板进行修改就可以很快出稿。

在线设计平台模式的出现,让小邓一方面感受到极强的便利性;另一方面也为自己的职业前景产生了深深的忧虑。小邓发现,该平台在测试版本中已经增加了一键印刷的服务,根据亲身体验,小邓发现通过在线平台设计好作品,直接选择印刷服务之后,所完成的效果更好,色彩偏差几乎没有。

小邓作为最早的使用在线设计平台的用户之一,享受到了这种模式带来的直接影响,老板夸赞了小邓并增加了小邓的工资,但是,小邓也知道一旦老板也看到这种平台带来的价值,那么小邓的岗位可能就没有存在的意义了,可替代性太高。

经过相当长时间的权衡之后,小邓终于下定决心辞职,通过一段时间学习,成功转型到另一个职业,而此时更加智能的在线设计服务即将面向市场。

4.4　更简单的工作与创作

拍摄短视频成为全民化创作活动,已经是我们见怪不怪的现象之一,即便是年纪颇大的中老年人群也能拍摄出效果不错的短视频内容。自媒体平台几乎将短视频内容作为重点推广的模块,没有之一。

鲜为人知的是短视频这种模式并非抖音或快手首创,更早时纯视频创作的应用当属微视,很多人将其归咎为生不逢时,与微视一样的先行者还有很多。简单地将其命运归到生不逢时可能是比较好的解释之一。

生不逢时恰如其分,我们如果深入思考,则会发现,伴随短视频崛起的,除大家熟知的高效率通行网络带来的影响,还有智能移动设备的性能呈现出爆发式增加,以及非常普及的创作工具对此的影响也比较大。

工具移动化这个场景非常有必要重点描述一下。无论是 iOS 每年发布的旗舰手机还是安卓阵营的旗舰手机,其性能已经远远超过一部通信设备所需要的能力。事实上,每次各个品牌在发布时,尤其是其旗舰型号在发布时,都会强调其作为移动生产力工具的价值与用途。性能的提升满足了复杂软件的运行条件，而这些又提升了软件提供者持续开发的意愿。在生态越好的品牌体系中，开发者的意愿度也更高涨。沙拉视频属于一款非常小众的移动应用，其功能也非常简单，可让静态化图片一键生成视频，满足图文创作者的需求，只有会员制这一种付费形式，并且只有 iOS 版本，如图 4.29 所示。类似沙拉视频这样的移动应用非常多，也从另一个侧面反映出工具移动化的趋势在加强，并且人们越来越喜欢或者适应通过移动设备进行创作，今天绝大多数软件开发商在发布其软件版本时，移动版本都是优先需要考虑的选项。

图 4.29 沙拉视频的首页

移动设备的性能在短短几年的时间内已经可以匹配 PC 设备，结合针对移动计算场景而做出适配的大量软件应用，汇集在一起成为偶然的因素,提供了短视频领域发育的土壤。

　　成熟且丰富的工具生态真正做到了为个人赋能,借助集成化的数字平台,已经能够通过极少的人力投入,实现服务一家传统企业需要十人左右的人力才能完成的工作量。在社群运营中,经常会设计 SOP 流程提升社群的活跃率,我们以上万人规模的社群来参照。每个群都以上限为标准,二十个同样的群所带来的工作量是海量的,独立的个人几乎不可能完成运营与服务工作。

　　现在,我们通过数字平台集成在线设计工具便可以轻松实现这个规模的运营,通过自动化的 SOP 工具,设置好参数就可以一键完成运营,通过群发功能也可以一次性将设计好的物料投放到所有社群中。

　　大量的小微企业是通过个人媒体号崛起的 IP,此类的企业非常依赖高效率的工具,而非依赖于人力资源。小而轻的企业形式,在我们周边已经非常多。

　　正是数字工具与平台的出现,让这样的场景具备了生存的能力,并获得了更好的发展机遇。

4.5　软件付费的黄金时代

　　没有良性的商业土壤,也难以看到创新的活力。实物商品相对于虚拟商品在消费习惯方面具有天然的优势,而虚拟服务或者产品付费习惯的养成,也不过几年的时间。非常具体,并且可体验到质量的实物,大众很容易感受到其背后的价值,虚拟产品与服务往往难以具备这样的优势，从而导致了虚拟服务与产品可复制的心理，这也是付费软件行业发展受到制约的因素之一。

移动应用市场通过底层系统限制没有经过认证的软件安装，并给予安全性警示，让消费者最大可能地选择正版应用，并习惯为正版软件付费。需要看到移动应用市场，正版软件的推动力量主要是智能手机厂商，它们往往也是应用商店程序的提供者，正是手机厂商的努力，第三方应用商店几乎消失殆尽，难以与官方应用分发的力量相竞争。当然也有例外，腾讯应用宝是为数不多的还存在的第三方应用程序商店。本土的智能手机行业，安卓生态中的核心力量已经被国产力量所替代，所以应用的本土化已经不是问题，如图 4.30 所示。

图 4.30　腾讯应用宝是为数不多的还存活的第三方应用商店

当然与苹果公司的 iOS 生态相比，安卓生态依然还存在着一定的自由性，这不妨碍人们养成在官方的应用商店中为正版软件付费的习惯。在 iOS 生态中，对开发者而言更加友好，优秀的付费环境与条件，也促成了很多优秀的应用会优先在 iOS 生态发布，应用的稳定性和体验感受等在 iOS 生态中整体要优于安卓生态。这个案例告诉我们没有良好的变现条件与土壤，很难体验到更加优秀的虚拟产品与服务,软件行业更是如此。

国内的很多软件应用是从 C 端走向 B 端的,现在我们常用的软件应用大多增加了面向企业的服务与独立的定价体系,这个转变非常不容易。在很长的时间里,能在 B 端市场里获得稳定收益的软件开发商几乎是面向中等规模以上企业的,无论是小微企业还是个体都很难获得软件提供商的青睐。这个群体几乎很难成为软件付费群体,除非是特别细分领域的专业软件,但是,这里存在一个矛盾,如果无海量的用户群体,则这个款软件就难以成为流行工具,这个逻辑也非常简单,规模化造就标准化。正是因为足够多的群体在使用某一款软件,那么对于企业而言,培训的成本相对比较低,兼容的设备与人群也就相对多。

外资软件品牌商在打击盗版软件行为方面所采用的手段与策略不胜枚举,最为极端的当属微软公司在 2008 年开展的黑屏行动。大量使用 Windows 系统的 PC 设备的桌面黑屏,触发了用户群体的激烈反对,而后改为相对温和的弹窗提示等方式。时至今日,PC 端的正版软件销售依然是难点,亿图图示曾是一款非常受欢迎的模型设计软件,在正式改变之前,盗版的问题一直是发展中最大的问题。

付费软件市场的改变,最早可能需要追溯到在线协同模式的出现,得益于云计算技术的发展,专业软件面向用户的交互方式发生了很大的改变,大量基于 Web 端的软件工具逐一出现,由此诞生了新的付费方式。软件本身免费,用户需为扩展的功能付费,为模板付费,甚至为权限付费等,而这些服务内容所定制的价格,以用户的视角看使用与进入门槛更低了,以软件提供商的角度看用户更易付费了,多样化的付费模式让用户可以自主选择。软件本身的免费,不会让用户第一时间就选择放弃,这个场景也同样在移动应用场景中被普遍采用,体验期开放软件的体验权限,而将功能模块化,为功能定义价格。以上的营销策略解决了用户为正版软件付费的问题,我们也不能忽视因技术发展带来的应用场景的销售条件,显然若无云计算技术的发展,以上我们所讲的可能也无法顺利实现。

付费软件的市场红利,还需要关注因为数字平台的普及而带来的新的分发模式,只不过这次的对象主要是企业级客户群体。变化是数据成为企业中新增的重要资产之一,以客户、研发与创作成果、销售、资金为最。一方面数字平台成为触达企业级客户的通道;另一方面为了保证数据资产的延续性与创作成果的公司化,为软件付费可能成为企业不得不进行的行为。

数据资产化的意义与价值是显著的,数字化企业呈现出来的最大特征则是一切数字化和可视化,意味着一家企业也变得透明起来。在推动企业数字化的过程中,数字软件工具的作用再也无法忽视,也就是说如果企业主想要让自己的企业在数字时代获得竞争力,介入数字网络,则打造数字运营体系将是必然的目标,而基于这一目标,数字软件工具在企业级市场的黄金时代正式到来。

4.6　工作台与智能化

个人对于智能的感受可能来自一句外文的翻译,也可能来自智能手机的智能助理等。苹果公司的智能语音助手刚开始推出时,很多人只是将其视为"玩具"而非认真地将其作为一项会产生深远影响的技术应用。

其实，相对于面向个人端的智能应用场景，我们更应该关注面向企业端的应用场景，因为只有规模化数据才能推动深度学习技术的发展，才能促进智能技术的发展。最近大家纷纷热议的 ChatGPT 技术，其 Transformer 模型最早可以追溯到 2017 年，但是 ChatGPT 能否成为科技发展史上的奇点，目前尚存在争议，但是智能技术正在普及到我们的周边，这一点已经无法否认。

工作窗口是传统软件的说法，在线软件都将这个称呼升级为工作台。工作台与工作窗口的说法在字面意思上可能差异并不是很大，但从效率的角度看这是一次巨大的升级。在传统软件界面，我们看到的是若干的工具、单一的功能，而在工作台周边，可以调用创作所需要的所有要素，例如可直接商用的图片素材、字体，以及可以直接编辑的模板等，更直接的升级则体现在智能化技术的应用，菜单栏变成了集成工具箱，更便于智能技术的应用。

互联网发展的高一级形式，目前我们大体看到的是从智能化到自动化这一趋势，笔者更喜欢将自动化放在智能化的后面，自动化代表着秩序，智能化代表着效率，更高的效率只有适配对应的秩序才能为我们的社会创造出更大的效益，这应该是基本的常识。

工作台的集成工具箱模式与工作窗口的单一功能相比，前者能更好地为智能技术应用提供应用的场景，而后者制约了智能技术的应用。在线化后我们谈论大数据的使用，大数据技术之后我们关注深度学习技术，继而看好智能技术的发展。技术的发展有必然的发展规律，因为需要前者为后者提供孕育的土壤与环境，而后者则代表前者系列技术的整合并升级迭代，继而诞生新的技术。这就是技术发展的有趣之处，也是面向未来的期待。

第 5 章

B 端软件的订阅新模式

目前可以谈论与研究的技术场景非常多,数字化转型带来的相关技术应用,元宇宙带来的关于虚拟场景的落地,当然也包括 Web 3.0 带来的去中心化技术的应用场景等。我们所处的时代,技术发展宛如来到了多条线程运行的阶段,这里的线程绝非单一技术带来的影响,而是多个复杂场景带来的技术与社会变革。

从趋势中寻找机会,更像是在不确定性中寻找确定性的机遇。产业中的构成总是复杂且多样化的,正如有先行者,也有稳步前进的个人与组织。中小企业群体则是后者,从它们的视角出发,我们仅需要关注稳定的部分。

数字化趋势是确定的发展线,而在数字化的进程中,通过效率工具提升企业的竞争力是优先度最高的思考路径之一,所以数字软件工具的发展及其所带来的新模式必然是需要付出极大精力聚焦并关注的。

当然从更高的层面看,在这一轮数字化趋势中,包括了产业互联网发展的进程,也必然在这个过程中孵化出游戏的本土软件品牌,国产化率也将成为软件行业新的故事线。

5.1　腾讯公司的决心

从 C 端市场到 B 端市场,腾讯公司一直活跃在互联网发展的各个阶段中,我们提及了很多头部公司的得与失,却发现唯独腾讯公司从未在任何新技术场景普及时掉队。短视频赛道被很多人认为这是腾讯公司的一次折戟沉沙,问题在于如果考虑到腾讯公司的投资版图,则腾讯公司在短视频赛道的影响力依然不可忽视,尤其是微信模块介入短视频领域之后,腾讯公司或者腾讯系依然拥有一席之地。

在 2020 年之前的本土互联网版图中,阿里巴巴公司的支付与云计算、电商三块业务几乎牢牢占据着 B 端市场的话语权与影响力。尤其是阿里云板块,从域名一站式服务到服务器业务再到在线应用的定制与开发服务,阿里巴巴公司几乎承担着中小企业在线化所需要的所有功能服务。

腾讯公司的影子一直在 C 端市场,当然大部分人忽略了依托公众号而延展的私域流量版图。归纳起来,腾讯公司的影子在 C 端,阿里巴巴公司的影子在 B 端,这样的结论是主流的认知。

互联网行业与传统行业的区别最为常见的是在互联网行业中一旦发现新的机遇,都会将资源的整合发挥到极致,如同外卖、网约车等,无一不是通过效率将资源发挥到最大化。2020 年,面对突发的疫情,当时所有的企业主与管理者都不约而同地面对同一个问题,如何快速地将各地的团队聚集起来,部署新的工作计划与安排,如何确保这些工作安排能够有效地推进,如何确保每位团队成员能够像平时在办公场所中一样认真、及时地完成工作计划等。同样地,与线下一样,有效的会议是聚合团队共识的有效形式之一,因此爆发了对在线应用的海量需求。

在线会议并非新鲜事物,只不过在本土中,无论是出行成本还是出行选择,国内非常青睐于线下活动,线上会议的形式并没有受到非常广泛的认可,很多线上会议包括视频会议,性价比最高的还是通过微信群来完成,当然还有人采用私密直播的形式。要求稍微高一点,那么整体成本也将是不菲的,尤其是需要硬件设备的会议解决方案,对于大部分人在家这种背景下根本无法完成会议组建的预期效果。

Zoom 诞生于 2011 年,最早在欧洲市场获得商务人士的认可,2013 年进入中国市场,不过 Zoom 并没有获得较大影响力,因为彼时国内的在线会议尤其是商务性质的需求量非常低,而在互联网行业评估一款应用是否具有发展潜力时,还需要看应用的使用频率。2020 年,Zoom 被很多中国用户发现并获得发展的机遇,如图 5.1 所示,可惜的是最后因为安全问题等逐步掉队。

我们今天需要讨论的重点不是一款应用的命运而是当在线会议场景面向企业级需求时,与个人使用时的区别:

(1)企业级会议活动无论是对内还是对外,参与的人数要比个人之间的会议活动在数量上多得多,而且比较稳定。

(2)任何一家正常运营的企业,各种各样的会议活动是必需的,这就意味着企业级的会议活动要比个人稳定。

(3)相对于个人的在线会议活动,企业级的在线会议活动的需求往往是复杂的,常见的线下会议需要会议记录和签到等功能。

图5.1 Zoom的产品家族

综上,事实上在线会议功能已经成为数字平台中对内管理功能的核心模块之一,企业的数字化不是企业功能的局部在线化,而是企业功能的完全数字化,实现数字组织的转变是非常重要的认知前提。理解这个,我们或许才能充分理解腾讯会议应用崛起带来的影响,尤其是对腾讯公司的企业业务带来的重大推进作用。

从企业号到企业微信,一向以稳健风格迭代的腾讯系各个平台在2020年几乎以飞一样的速度迭代与升级以企业微信为基础平台的面向企业级市场的数字体系。

首先是微信生态中的私域流量运营工具的整合,整理与优化个人社交环境,界定清楚个人使用与企业运营的边界,将商业运营功能全部围绕企业微信来展开,这样带来的好处也是显而易见的,一方面对于微信官方而言将商业运营所需要的功能非常精准地提供给用户;另一方面对于用户而言添加某一企业微信则意味着愿意接受某企业的消息推送,缓解了用户与平台的矛盾。

其次释放权限吸引生态企业入驻到企业微信生态中,鼓励软件应用开发商提供基于企业微信技术标准的应用功能,并激励软件应用开发商邀请客户企业启用企业微信作为企业的数字运营平台。

　　再次打通微信生态中的各个板块,企业认证的公众号内容不仅可以作为独立内容进行宣发,还可以通过企业微信实现推送,内容可以作为企业微信中的素材库内容。微信生态中的内容宣发机制变革算是微信的一次重大更新,无论是信息流模式还是提升搜索效率的标签功能,腾讯试图兼顾内容面向个人与企业两者不同角色的意义,一方面内容作为本身的传播价值独立宣发;另一方面企业的内容还可以作为企业内部的信息素材对精准的客户群体宣发,如图 5.2～图 5.4 所示。

图 5.2　企业微信中的消息管理

图 5.3　素材库中的内容分类

图 5.4　素材库中的编辑功能

企业微信的朋友圈等功能的出现,包括无缝衔接原先个人账号建立的私域社群,都将微信生态的优势发挥到极致,再到视频号,企业微信已经成为企业在私域生态中无法忽略的数字平台,如图 5.5 所示。

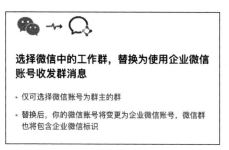

图 5.5　个人微信与企业微信无缝衔接

腾讯会议对于腾讯公司的意义是不言而喻的,是腾讯公司除微信之外,在传统优势领域之外的一次巨大突破,几乎成为企业在 2020 年选择举办在线会议活动必备的会议软件工具之一,也是影响力最大的年度软件之一。腾讯会议的另一个关键的作用,还在于腾讯会议深度提升了企业用户对腾讯系应用的黏性。

腾讯系的另一款软件腾讯文档,也是非常受欢迎的软件工具,被广泛用于各个领域。腾讯文档与腾讯会议被认为是企业微信功能服务中最为重要的两个基础功能,至此腾讯公司在企业级市场拥有了一张门票,成为互联网下半场的受益者,而因数字平台崛起引发的企业级应用市场的分发模式可能又是另外一个影响甚远的商业案例。

5.2　B 端软件的新时代

中国互联网产业的优势在于面向 C 端的场景应用,固然国内广阔的市场前景容易形成规模效应是重要的因素,但是互联网基础生态依然是弱项,大到操作系统、编程语言、数据库技术等,小到开发工具、设计工具等,尤其是大量的创作所需要的软件工具领域更是薄弱环节。这里说的软件工具并非智能手机里安装的工具App,而是能够帮助我们开发软件所需要的 IDE 工具,以及帮助我们完成各项设计所需要的设计工具等。

从消费互联网到物联网、产业互联的不同阶段,软件工具的作用与价值也越来越明显。数字时代里,我们习惯将软件工具定义为另一种形式的数字平台,它不再是简单的用于完成一件任务的工具,而是对于个人甚至企业而言,包括了企业组织创作的完整数据,而这个数据随着不断积累,将是企业非常重要的资产之一,并对企业的竞争力产生重大影响。

正因如此,数字软件产业的发展已经成为国家级发展战略,尤其是关系国家核心产业发展的数字软件平台型工具。底层系统固然重要，但是离开了软件应用的生态，底层系统也难以成为人们的选择。这就是操作系统有很多选择，但是能够普及到公众设备上的只有那么几家，根本原因在于好的生态，尤其是软件应用生态，特别是关键应用能够决定用户选择什么样的设备与操作系统。

　　移动互联网发展初期，并非只有今天我们看到的安卓系统、iOS 系统、鸿蒙系统，还有 Symbian、Windows Mobile、BlackBerry OS、Web OS、Palm OS、MeeGo 等，尤其是阿里巴巴公司推出的 YunOS，算是国产操作系统的一次尝试与突破，并与天语手机合作推出了安装 YunOS 系统的智能手机，可兼容安卓应用。可惜的是与以上消弭于时间长河中的移动操作系统一样，因为缺乏足够的核心应用，最终没有实现大的突破，如图 5.6 所示。

图 5.6　天语曾推出的 YunOS 系统的智能手机(图片来源：百度百科)

移动计算技术的发展深刻地影响了人们的生活与工作方式与场景，随之对应的还有移动智能设备终端为了解决能耗的问题，其采用的芯片架构一直是 ARM 架构，这与传统的 PC 设备所采购的芯片架构完全不一样，因此，我们才会明白为什么在移动化办公场景已经普及的背景下，很多传统软件厂家依然没有及时推出适配的移动版本，巨头的转身要比轻量化的新兴公司更难。最新款的 iPad Pro 已经安装上了 M2 芯片，而这款芯片同样安装在苹果公司自家的 PC 设备上，同时握着操作系统与芯片自研两张牌的苹果公司第一次有能力让自家的硬件设备在底层逐步走向统一，而 ARM 架构也从移动智能设备走向 PC 设备。苹果公司最新一代的 PC 设备采用的芯片就是 ARM 架构，而国内的华为 MateBook E Go 二合一笔记本采用的也是 ARM 架构的芯片等，可以预见采用 ARM 架构的 PC 也会越来越多地出现在我们视野中，如图 5.7 和图 5.8 所示。

芯片与操作系统的变化固然是一方面，另一方面则是异地办公、在家办公、在线办公等多维度办公形式的兴起，对协同、协作的要求更高。这些新的变化，既增加了数字软件的研发挑战，也给予了新兴企业一个发展机遇，尤其是在中国这样的 B 端软件产业相对空白的市场中，以我国的产业规模，对其的需求量必然也是惊人的，还是那句话，时间是最大的成本，相信给予我们一定的时间，国产数字工具必将崛起。

从消费互联网切换到产业互联网阶段的中国本土互联网，也决定了即便是面向 B 端的软件工具行业也需要充分考虑移动化和智能化设备普及的大背景，用户对移动设备的熟悉度要远远高于其他国家。因此，我们细心一点会发现新崛起的国产软件品牌都

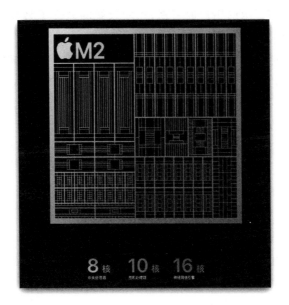

图 5.7　苹果公司的 M2 芯片

图 5.8　华为 MateBook E Go 二合一笔记本

充分考虑到了国内用户的习惯,体验较好的软件工具都优先将移动端与 Web 端作为首发端口的选项,而非 PC 端作为首发,这与外资软件品牌存在着很大的不同,后者则是从 PC 首发逐步增加移动端,而 Web 端则是少数选择之一。当然,如果从便捷性上看,则从更加灵活的分享功能方面能看出国内品牌与外资品牌的差异。

这些成为起步虽然很晚的国产软件品牌新的机遇,也逐步在各个领域成为本土用户新的选择。在平面设计、视频剪辑、文字创作、UI 设计、图示、造型设计等各个领域均是如此。另外,后发者的优势还在于能够通过前者的发展案例让自己做出相对优质的选择,多样式的付费模式就是其中最为典型的场景之一。

国产软件工具的崛起,对于中小企业而言是一场难得的利好,最直接的利好则是成本的减少,另外更加灵活的协同功能等都非常适合本土化的企业,无论是便捷性还是持续性都可以得到相对的保障,这也是很重要的因素之一。

5.3　企业微信、钉钉、飞书主导的分发模式

无论是企业微信还是钉钉、飞书,几乎没有人会将其与软件分发结合在一起,人们最早将其定义为企业的 OA 平台,帮助企业走向无纸化办公是 OA 软件带来的最直接影响。这就像微信对于我们而言绝非只是简单的社交软件一样,企业微信在将面向企业的软件提供商整合在一起时,企业微信、钉钉、飞书就不再是简单的OA 平台了,它们已经成为企业数字化运营的基础中台,如图 5.9所示。

图 5.9　飞书的工作台

任何企业只要选用了企业微信、钉钉、飞书中的任一平台,几乎不需要打开其他软件商店或者类似软件平台就能找到满足企业经营业务所需要的软件,数字运营平台这样的角色就成为衡量企业业是否完成了数字化转型的一个参照物。

当然,对于软件开发商而言,依附于一个数字平台,稳定获取客户是一条解决发展问题的最佳途径,这个还需要时间去判断,但是对于企业而言,集成化带来的效率提升也是有目共睹的。如果再考虑到通过不同软件的 API 彼此打通,则企业的运营数据正式迎来可以互联互通的时代。数据数字化也意味着数据资产化的阶段来临,可见的未来,衡量一家企业的价值将变得更加简单,无论是用户数还是团队的劳效,包括公司经营情况都可以通过数字平台而一目了然。企业的数字化程度在未来可能是衡量一家企业价值的重要参数,一家企业的数字运营能力也是企业竞争力最直接的体现。

2022 年 12 月 29 日,阿里巴巴集团发布了新的组织架构,其中最大的变化则是董事会主席张勇兼任阿里云智能总裁，尤其是直接分管钉钉，这个或许代表着头部科技公司对数字平台的商业意义的重新确认，如图 5.10 所示。

我希望在新年即将开始之际，和大家分享关于集团组织变化的系列决定：

张建锋（行癫）不再担任阿里云智能总裁，继续担任达摩院院长，专注前沿科技探索，并将继续分管平头哥和智能互联。我将acting阿里云智能总裁，并直接分管钉钉。周靖人（靖人）将担任阿里云智能CTO，并同时继续兼任达摩院副院长。

图 5.10　阿里巴巴集团董事会主席兼 CEO 张勇给阿里云员工的
　　　　　内部信部分内容截图

第 6 章

中小企业的中枢：运营中台

中台一词因阿里巴巴集团而闻名本土互联网圈子，后又因阿里巴巴集团的拆中台战略导致很多人将中台理解为过时的产物，事实上中台并没有消失，而是进行了升级，增加了更多的功能与名称，例如因大数据技术发展而衍生的数据中台等，由此可见中台战略并没有消失，而是定位更加精准与细分。

数字时代对于中小企业而言，中台的价值与地位不应该被忽视，尤其是围绕运营而构建的运营中台将直接决定企业的运行效率，这一点毋庸置疑。尤其是中小企业，其在数字化阶段，构建运营中台是符合企业发展所需要的战略行为。

运营中台这一概念的提出，并非是心血来潮的产物，而是考虑到了中小企业在数字化转型阶段的实际情况。

6.1 数字化时代重提中台的价值与意义

中大型企业对于中台的角色与功能进行了新的规划，大前台与小中台的模式是目前比较盛行的一种方案，而中台已经进入更加细分的小中台时代，为公司业务发展提供更加精确的支持。这种模式对于中等规模以上的企业而言，能够减少因为发展而带来的效率低下的问题,在聚焦前台业务的同时,适配能够支撑业务发展的小中台,即在组织职能上也能实现更加灵活与扁平化的管理模式,如图 6.1 所示。

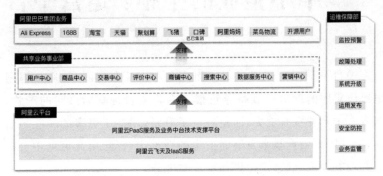

图 6.1　阿里巴巴集团业务中台架构(来源:阿里云官网)

对于中小企业而言,大前台与小中台的模式难以说是比较优质的选项,根本还是中小企业没有足够的能力搭建非常适合企业发展的小中台,更何况实现细致化的运营与维护,当然也包括调整,所以集成化的运营中台对中小企业更具备现实意义。受限于资金与人才储备,中小企业即便投入资金搭建出能够支持各个业务的中台,也会面临无足够的人才队伍去维护中台的运维工作,所以这里又需要联系这本书的核心内容,即围绕中小企业的数字化转型场景,需要依据中小企业的实际,严格来讲是现实,寻找到数字化场景中若干案例的解决方案,并探索出属于中小企业的数字化转型之路。

这里面还需要考虑技术因素对中小企业的影响,我们曾说过数字时代要求中小企业必须具备通过技术要素解决问题的专业能力。这里谈及的技术要素,并非是为了研发搭建数字系统去学习编程语言,掌握撰写代码的能力,更多的是掌握成熟的技术方案改

造自己的体系，这是本质的区别。过去，围绕数字化转型，公认的
解决方案有以下三条：

（1）自研，无论采用自建技术团队还是外包的形式，根据企业
的业务情况，开发出自己的数字体系，这个代价是巨大的，时间成
本是一方面，更重要的是中小企业难以承受试错的成本，我们都知
道覆盖一家企业组织所有业务与管理的系统都是极其庞大的，也
是复杂的，而复杂的系统在走向稳定的过程中需要经过不断的测
试，只有这样才能真正走向实际运营，这个过程所产生的成本是任
何一家中小企业难以持续承担的。

（2）第三方，随着数字化进程的推进，已经有很多第三方服务商
推出了相对成熟，但仍与企业业务发展实际相差一点的解决方案，这
就意味着在中小企业这个群体进行数字化转型的过程中，需要很多
非常专业的人才投入进去，为不同方案之间的衔接寻找到桥梁。

（3）两者集合，先通过第三方方案推进自己的数字化转型，再
根据具体业务的拓展情况酌情投入时间与资金跟进研发。

以上 3 条选择都有其合理性，问题在于中小企业的实力决定
了其只能选择第二条方案。原因也相对简单，自研需要企业的管
理层具备清晰的技术发展思路与技术专业知识，这一点已经成为
最大的拦路虎。没有这些基础，自研的方向一旦错了。对于企业
而言就是一场巨大的灾难，另外自研的体系需要持续进行维护，以
确保其正常运转，持续也意味着持续的资金投入，这个消耗是巨大
的，大部分中小企业承受不起其中的代价，除非企业本身就是从事
信息技术研发的，这个是特例。

所以，在数字时代里中小企业的管理者需要具备一定的技术
素养，即理解技术发展的趋势及技术产品的价值，而非真像程序员
一样理解代码及理解编程技术，而是需要理解技术要素中的规律，

例如熟悉第三方的 SaaS 软件与低代码平台，以及可以使用的第三方工具组合方案，降低数字化转型的门槛，这样才能提升数字化转型的效率。

我们在面对一个问题时，有不同的思考习惯，例如从问题的本身出发寻求解决方案，当然也有从问题所处的环境思考解决方案，但我们也清楚，只有从全局看待问题，才可以从根本上得到解决问题的路径及方法。

运营中台这种说法就非常适合中小企业进入数字体系的桥梁，从运营中台的视角出发，实际上就是将企业置身于数字化的环境中，寻找企业的数字化解决方案。运营中台，顾名思义就是围绕企业的对内、对外两条线而构建的集成式中台形式，能够在整体上提升企业的运营效率，并以此搭建数字化工具，实现企业运营流程的数字化形式。市面上目前的企业微信、钉钉、飞书均可以作为中小企业实现数字化运营的中台，作为中小企业实现数字化后的集成化运营平台。

中台作为一种集成化的"中间件"，它可以集中呈现企业运营所需要的功能与服务，也可以将企业的运营情况数据化及可视化，方便企业在面对复杂的经营环境时，以及时做出调整。

6.2 为什么中台是中小企业的选择

我们将目前企业数字化运营所需要考虑的要素总结一下就会发现，集成化的需求是中小企业思考构建中台方案的背后推因。

中小企业推进数字化转型背后的原因简单，可以概括为以下几点：首先是环境已经数字化，效率是老生常谈的问题；其次企业运营所面对的环境严重碎片化，内容宣发的渠道是多样化的，也呈现出碎片化的特征，如果单一面对具体问题，则将严重制约企业的发展，唯有借助集成化的数字工具协作，搭建数字运营体系才能从整体推动业务发展；再次，用户资源数据化后，数据资产如果不能实现公司化，则对于中小企业而言也将是灾难性的。

　　碎片化是笔者着力想要和大家谈论的。这里的碎片化场景体现在渠道是碎的，我们以数字网络中的运营场景为案例，任何一家中小企业如果想要发展公司业务，则在目前的场景中必然需要考虑线上渠道，因为在线化已经成为人们非常重要的生活方式，用户的时间在哪里，公司的业务也应优先考虑哪里。在线化是一张网，但今天企业所面对的在线化渠道在结构上又是碎的，不同的媒体渠道，不同的变现渠道等，都呈现出碎的特征。再说模块的碎片化，围绕产品分发所需要的软件平台，围绕客户管理的 CRM 系统，围绕财务管理所需要的 ERP 系统，围绕内部管理所需要的 OA 系统，如果再考虑到供应链管理等体系，则一家企业再小，其内在的结构与功能却是完整的。

　　如果不通过平台这样的"中间件"将彼此互联起来，则企业管理者必将陷入一种难以掌控的混乱与惆怅之中。没有人可以忽视这样的经营情况，而如果有集成化的方案能够解决这一切，这就是一种最佳解决方案。

　　所以，目前的中小企业的数字化转型方案，运营中台虽然不是最优的方案，笔者依然将其称为选择方案，而非解决方案。还是之前的描述，中小企业没有能力寻求相对彻底的解决方案，只是根据成熟的工具组建适合自己企业发展的方案。运营中台实则是根据自己业务发展的特点，选择一个可以兼容其他多个数字工具的平台型工具作为运营中台的角色,再以此为核心实现覆盖所有业务运营所需要的模块。运营中台实则就是企业数字化的大脑,也可以理解为中枢,其他因为业务发展所需要的数字工具,也可以理解成数字运营体系中的组件。数字运营中台是长期的选择,而组件则可以根据企业的发展适当地增加或者删除,这就是企业转型为数字组织之后的特征之一:模块化。

业务在模块里,模块可以通过增删组件来调整。组件是软件开发中的术语,但在数字组织中,组件既代表着数字系统中具备完整功能的模块(它可能是一款我们曾习以为常的软件工具,也可能是实现某个功能的软件),也代表着数字组织中的具体功能板块,例如人事板块等。

我们看待数字组织,既需要从全局看到它的整体性,也要能够拆开它的模块,看到一块块具体的组件。技术要素被封装在模块中、组件中,也同时匹配着具体的企业组织的功能。

中台尤其是运营中台,给予了中小企业一个核心的聚焦点,从点到面,帮助中小企业逐步实现数字组织的转变,这就是中台的意义。因为对任何中小企业而言,数字组织究竟是什么样的形式,这不仅需要技术层面的知识积累,也需要认知方面的拓展,只有给予大家一个非常具体的锚点,才能获得一个展开的视野,推进中小企业实现从传统组织到数字组织的转型。

6.3　中小企业数字化的运营场景

我们通过中台这样的"中间件"来理解或者梳理中小企业的数字化体系会更加清晰一点。我们将一家企业的数字化体系简单地分为前台、中台、后台 3 个模块，再增加上功能后缀，即可得到前台业务、中台运营、后台数据，下面逐一来解析并搭建一家企业的数字运营体系：

（1）先来构建这家企业的用户服务流程，所有用户均引入数字平台中，无论是点对点的跟踪与服务还是进入社群服务，无论是通过活动还是其他方式，所有其他媒体渠道的用户都加入私域流量池中。

（2）通过企业认证过的服务号，将第三方的 SaaS 软件（业务软件）搭建在其中，记住在选用第三方 SaaS 软件时，选择具有数字平台助手功能的 SCRM 服务，将这个 SaaS 软件作为企业的业务平台。

（3）前台业务：用户服务与变现，即后续跟踪服务所需要的数据等环节，我们归纳为业务模块，并将所涉及的软件添加到数字平台的应用中，并设置对应的权限。

（4）后台数据：选用第三方财务软件作为后台数据运营与管理平台，并通过 API 与业务 SaaS 软件打通，并将财务软件添加到数字平台中。

（5）中台运营：将企业的数字平台定义为运营中台，并通过权限管理设置，调整不同团队成员在不同模块软件中的操作权限，如图 6.2 所示。

中小企业管理者在推动数字化转型时往往没有全视野的能力，也难以抓住重点。很多人将数字化转型理解成简单的软件开发，甚至等同于信息化建设，而一旦所研发的软件系统没有达到预期，便会武断地认为数字化转型没有进行的必要。这个可能是数字

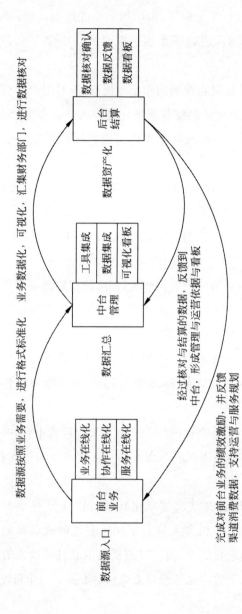

图 6.2 前台、中台、后台架构

化转型在中小企业中遭遇到的最大障碍，正如触及思维认知，比触及灵魂还难，这正是目前最大的现实。

所以，无论是技术发展趋势还是新技术应用场景，当面向不同类型和不同场景时，在进行归纳之后，要根据对象的不同给予适配的解决方案，方案不能理想化，而是需要符合不同对象的发展特点。尤其是面向没有技术背景的人群，尽可能将技术结构拆解，以相对易懂的方式诠释，这样才能推动技术应用的价值。正如在数字化转型这场变革中，我们不能以中等以上规模企业的案例代表中小企业的落地场景，同样我们也难以用单一案例代表大多数案例。

这里面最为典型的则是直播流行起来之后，个人与企业是否都应该介入直播，或者说个人直播与企业直播的场景是否一样等，这些问题都需要和企业内在的模式及资源等结合起来。直播从应用场景来看是内容的另一种呈现形式，但从环境来看在线化已经是最大的趋势，根据用户在哪里，商业便在哪里的原则，线上尤其是流量新增的领域都应该是企业在发展业务时应重点考虑的方向，这个思考路径应该是清晰且具体的。

将企业的数字化转型划分为 3 个模块，以运营中台建设为核心，这样非常方便中小管理者理解数字化场景并推动企业组织的转型升级。另外对于中小企业而言，能够带来实际业务收入的运营在推进数字化时，最不应该被忽略，而是需要在数字化进程的任何阶段作为重点模块考虑，这也是与中小企业的实际情况相结合的案例。

6.4　B企业的案例

本节继续以案例来解析数字化运营场景。

B企业是一家社群电商运营公司,其商业模式非常简单,他们打造了以生活方式为主题的品牌理念,产品线围绕专业生活所需要的商品,但是强调精、小、实用。"精"是精选的意思,"小"代表的是物品体积,"实用"就是所提供的商品实用。

B公司的所有产品均为自己生产,除了自己的直营平台之外,也入驻到第三方的电商平台中。当然最终的目的都是希望用户能够从自己搭建的平台中购买及消费,并在自己的平台中赋予了用户更多的权益,例如积分兑换和定期抽奖赠送等。

B公司的营销模式比较克制,用其创始人的说法就是将精力放在产品上,而非将精力放在营销上,希望能够通过高质量的产品获得用户,致力达到提升用户生活专业化这样的目标。

公司的主要经营活动都在线上,为了保障运营的正常化,操作的软件工具非常多,简单归类如下。

(1)活动类:目前选用的是第三方裂变工具,该工具主要通过精美的海报向媒体平台投放新品信息与活动信息,每次活动结束后系统可以立刻生成非常详细的数据表格,可快速导出,也可以根据官方给予的技术文档接入,实现数据同步与呈现等功能。

(2)运营类:运营类工具分为两种,一种是业务运营所需要的软件工具;另一种是保障社群运营所需要的运营工具。为了提升运营效率，B公司采用企业微信作为公司运营中台，并用企业微信实现社群的管理与用户的跟踪。运营模块的团队成员都可以在企业微信中生成两个账号，一个是呈现真实姓名的 ID 号，主要完成内部沟通及费用报销、申请等流程化工作内容；另一个则是对外账号，采用公司统一设计的拟人化名称，用于对外服务，而外部客户添加好友时，主要使用对外账号。

（3）财务类：B公司设置了两套系统，一套财务模块用来管理公司经营数据；另一套则是为运营部门提供可视化业务数据的。

B公司最近在运营模式上进行了升级，为了让资深用户参与到社群维护中来，他们在每个人数达到 500 人的社群中挑选一名运营官，该运营官通过维护所在的社群获得收益，当然如果运营官自己拓展了社群，则可以享受同等的权益。

为了适配公司新的运营模式，为此公司将之前的第三方软件改为自己研发，并为所有运营官增加认证，并且赋予权限，这样每个运营官等于在系统中拥有了特殊的权限，当投放到自己服务的社群时，所有产品链接都会被打上运营官的标识，也方便后台的财务结算部门一目了然地看到每名运营官的运营数据。

运营官的模式推行之后，B公司的内部运营团队成员的作用从直接服务用户的角色转变为服务运营官：招募优秀的运营官，并通过培训提升运营官的专业能力，再通过数据监控进行考评。

B公司外部渠道的用户也会通过活动与奖励的方式将自己的好友邀请到社群中，新增的社群根据运营官的成绩来决定如何分配。

无论是内部管理还是对外运营，B公司的经营活动几乎非常依赖企业微信这样的数字平台，公司的管理层都可以通过企业微信的后台看到公司每个模块的工作效率及成果。

6.5　重新定义企业的资产

在线化进程之中，一家企业将业务在线化之后，相应地也会呈现出另外一种效果，即公司的用户数、产品活跃率等数据变得模型化、可视化，这些数据能够让外部投资者或者企业的管理层非常清晰地看到这家企业的经营状况并给予对应的商业价值评估。

这种形式，也解决了过去企业估值遇到的难题，即对于固定资产非常轻的企业如何实现接近事实的估值。尤其是随着互联网的发展，涌现出非常多的新兴组织，其核心业务均为虚拟产品或者服务，它们并非不存在商业价值，相反，部分企业的商业价值要远远大于传统实体企业，但受限传统的评估方式难以获得正确估值。我们常常被头部新兴企业的估值而吸引了全部的视线，忽略了中小企业的绝大多数是难以通过虚拟资产获得对应的融资需求的。

从传统企业转向数字企业，从数据到资产的转变，也可以说数字化将企业变得立体起来，当然透明化也是其呈现出来的新特征。变现能力、用户数、活跃用户数、新增用户数等这些数据，严格意义上可以被视为企业的新资产，而且是非常重要的资产。

另外，因为媒体平台成为新的渠道形式，媒体平台的名称也成为公司品牌资产的新组成部分，这也是数字时代里新的变化。媒体账号品牌化也是值得我们关注的重点，现在很多企业会搭建两个品牌矩阵，也就是我们所讲的双账号矩阵，其中一个为 IP 号，可以是个人注册并认证的账号，这样的搭配是为了更加灵活地进行内容宣发，因为在媒体平台中，个人账号要比企业账号在运营上更加灵活，可以宣发一些企业账号无法进行的任务。这个 IP 号也需要纳入企业的品牌体系中，视为企业品牌资产的一部分。

如今公司的运营非常依赖数字工具，数字工具中的用户及相关的数据都是随着数字工具而呈现出来的，而且随着数字化进程的加深，数字工具将成为企业新必备品。很多企业为了解决公私分开的问题，纷纷以公司的名义采购了手机号与工作设备，用于注册公司运营的媒体账号，并完成认证，解决了过去账号归属不清晰的问题。现实中，因为账号归属不清晰产生矛盾的案例不胜枚举。

手机号可能是数字时代里，企业增加最为明显的采购要素之一。

我们整理以上的内容就会发现，相对过去，因为运营的需要，媒体号的 ID 名称、数字工具、手机号、智能设备等，这些原先并不会作为公司核心资产组成的因素，在依赖于数字网络而运营的大氛围下，都成为企业资产新的组成部分，也成为决定企业存亡的关键要素。

另外，用户数及用户行为数据因为可以通过数字工具非常详细地呈现出来，所以数据也必然是企业中核心资产的组成部分，甚至是了解企业的关键要素之一。

数字时代，资产数字化是非常重要的发展趋势，如果考虑到技术发展的因素，支付形式、结算货币的数字化、虚拟网络中的资产等，这些都将是影响企业发展的重大变化之一。

元宇宙的应用场景之一为 NFT，我们也能看到网络世界中 ID

将成为非常重要的通行凭证。任何企业在虚拟世界中的形象,在进行虚拟化的同时,也将是非常重要的标的物等,所以在数字时代里,我们不仅只是从技术的视角看到数字化浪潮,还需要从金融等多个视角看待数字化带来的影响,其中的机遇可能成为企业破局的关键,同样随之带来的风险也将可能是企业发展的桎梏,如图6.3所示。

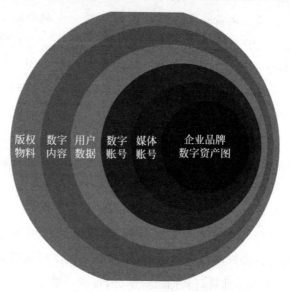

版权物料　数字内容　用户数据　数字账号　媒体账号　企业品牌数字资产图

图6.3　企业品牌数字资产图

6.6　可视化的企业运营状况

　　企业数字化转型中所涉及的各个模块,其中财务软件的服务商相对较早地完成了数据可视化场景,从发展趋势看,未来企业的经营状态在监管者的视线里，任何企业都接近透明。

过去，尤其是大量的中小企业，包括个体户，其财务情况是非常复杂的，一方面是业务收入来源的复杂性，考虑到现在大量的媒体平台，每个媒体平台都有自己的结算规则，当涉及的平台账号足够多时，媒体账号中的收入数据很容易被经营者与管理者忽略，尤其是很多企业在选择双媒体品牌运营机制的背景下，很多账号往往归属于个人，这对管理产生了挑战；另一方面个人与公司之间的资金常常交叉在一起。

但是，从企业经营的角度看，正是因为业务收入来源的复杂化，所以只能借助数字软件工具实现数据整理与分析。无论是个人税收的申报制度，还是新的财税系统，逐步从现实中将个人与关联企业组织资金的情况可视化了，未来完全可以实现个人与关联企业的收入模型化，以及可视化的大数据分析能力。在这样的背景下，更全面、更系统、更智能的财税系统正式向我们走来，如图 6.4所示。

数据是衡量一家企业经营状况的参数，在数字网络中，企业在逐步融入数字网络的过程中，企业的经营情况在外部环境中正变得非常具体，企业正变得越来越透明化。

从经营的角度看，因为不同平台的打通，或者随着人们在网络中活动，也将导致"盗版者"正在消失。产权侵袭的问题再难以成为网络中的沉疴，更加容易被发现。合规化经营是企业在数字时代必然需要认真对待的现实，同时为了确保自己的权益得到保障，积极关注企业的知识产权工作，也是企业尤其是原先不怎么关注知识产权的中小企业的管理者需要马上学习的新课题。

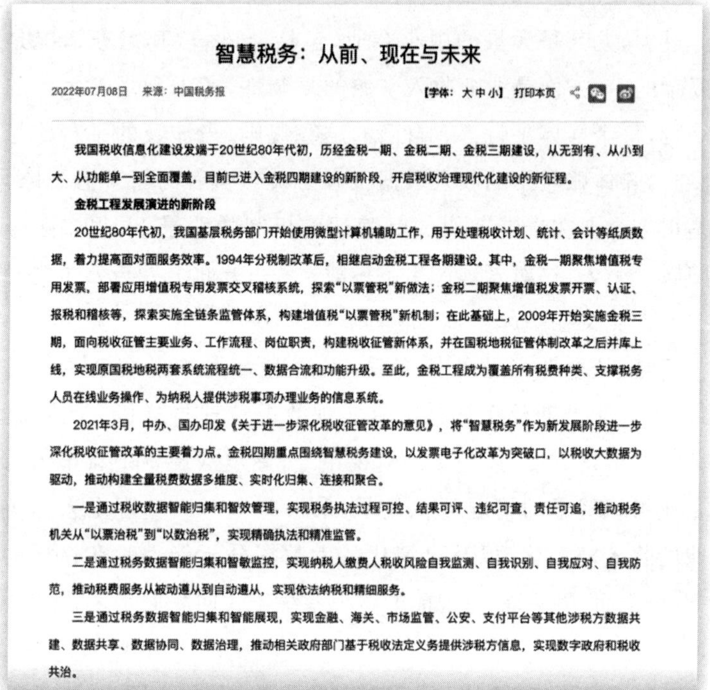

智慧税务：从前、现在与未来

2022年07月08日　来源：中国税务报　　　　　　　　　　【字体：大中小】打印本页 ＜ 🔖 📷

　　我国税收信息化建设发端于20世纪80年代初，历经金税一期、金税二期、金税三期建设，从无到有、从小到大、从功能单一到全面覆盖，目前已进入金税四期建设的新阶段，开启税收治理现代化建设的新征程。

　　金税工程发展演进的新阶段

　　20世纪80年代初，我国基层税务部门开始使用微型计算机辅助工作，用于处理税收计划、统计、会计等纸质数据，着力提高面对面服务效率。1994年分税制改革后，相继启动金税工程各期建设。其中，金税一期聚焦增值税专用发票，部署应用增值税专用发票交叉稽核系统，探索"以票管税"新做法；金税二期聚焦增值税发票开票、认证、报税和稽核等，探索实施全链条监管体系，构建增值税"以票管税"新机制；在此基础上，2009年开始实施金税三期，面向税收征管主要业务、工作流程、岗位职责，构建税收征管新体系，并在国税地税征管体制改革之后并库上线，实现原国税地税两套系统流程统一、数据合流和功能升级。至此，金税工程成为覆盖所有税费种类、支撑税务人员在线业务操作、为纳税人提供涉税事项办理业务的信息系统。

　　2021年3月，中办、国办印发《关于进一步深化税收征管改革的意见》，将"智慧税务"作为新发展阶段进一步深化税收征管改革的主要着力点。金税四期重点围绕智慧税务建设，以发票电子化改革为突破口，以税收大数据为驱动，推动构建全量税费数据多维度、实时化归集、连接和聚合。

　　一是通过税收数据智能归集和智慧管理，实现税务执法过程可控、结果可评、违纪可查、责任可追，推动税务机关从"以票治税"到"以数治税"，实现精确执法和精准监管。

　　二是通过税务数据智能归集和智敏监控，实现纳税人缴费人税收风险自我监测、自我识别、自我应对、自我防范，推动税费服务从被动通从到自动通从，实现依法纳税和精细服务。

　　三是通过税务数据智能归集和智能展现，实现金融、海关、市场监管、公安、支付平台等其他涉税方数据共建、数据共享、数据协同、数据治理，推动相关政府部门基于税收法定义务提供涉税方信息，实现数字政府和税收共治。

图 6.4　智慧税务正走向现实（来源：国家税务总局官网）

第 7 章

从使用者到创作者

从使用者到创作者是数字时代下的另一个新特征。我们细心一点可以发现,新的数字软件都有这样的特征,即对于新使用者而言使用的门槛极大地降低了,这里所讲的门槛是指创作的门槛而非软件操作。

模板化是新一批数字软件中重要的功能与服务,模板化意味着很多创作任务可以直接通过成熟的作品进行二次编辑后达到自己想要的结果。

模板化作为数字软件的服务模式,早期是由数字软件的服务商提供的,而随着数字软件服务商将这一功能开放给专业的创作者,创作者提供的模板产品已经成为数字软件生态中最大的作品来源。这种模式最早可以追溯到智能手机的应用商店、智能手机的主题商店等。

使用者享受优质产品带来的服务体验,一旦自己具备创作能力,就可以从使用者转变为创作者,提供自己的作品供新的使用者下载使用,作品可以是免费的,也可以是付费的。

智能手机品牌商的收益并非仅来自智能硬件的销售所得,这种模式早已经过时,无论是苹果公司还是华为公司,因其硬件产品用户数已经达到一个非常高的体量,衍生了虚拟业务线,其虚拟分账收入已经成为其非常重要的收入组成部分,而这种模式还在继续拓展,如游戏、会员、虚拟付费、主题等,而主题这类虚拟付费收入并没有被大众所关注,但如果考虑到以亿计量的规模,则可以想象这块业务带来的收入也是惊人的。

在数字时代,专业能力往往也代表着获取收入的能力,这一点无人可以忽视。

7.1　作为使用者

当你使用某品牌的智能手机时,打开其主题商店,会发现官方提供的主题模板越来越少,而大量好看的主题模板被标上了价格,从几角到几元,甚至十几元,相对一部接近上万元的智能手机价格,几乎可以忽略不计,这意味着对使用者而言显然是容易被忽略的,但即使是几角的产品,如果其下载量达到了上万甚至上百万时,则对应的收入规模也非常可观,如图 7.1 和图 7.2 所示。

图 7.1　华为官方公布的某主题创作者的收入

当你正在使用某个数字软件创作工作所需的模型图时,某天你可能会发现数字软件升级之后增加了社区功能,里面突然增加了非常多的模板,你不需要再从头到尾自己动手创作,只需选择一件接近自己思考的模型图直接进行二次编辑,便可达到预期的效果,所需要的时间只有过去的三分之一,如图 7.3 所示。

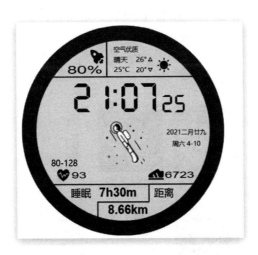

图 7.2 华为智能终端设备中曾火热的主题作品

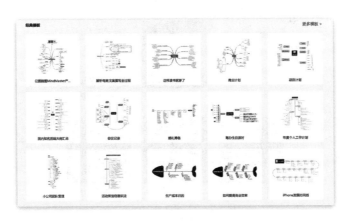

图 7.3 某创作工具的模板服务功能

你无意中在社交平台上看到别人分享的输入法皮肤,非常漂亮,通过查找发现了一家专门提供各种输入法皮肤的小站,下载非常简单,在线只有教程。这是一家有趣的公司,它们不仅提供大量原创设计的皮肤还有各种手机壁纸,你根据自己的喜好下载了几款,并分享到自己的媒体号上,如图 7.4 所示。

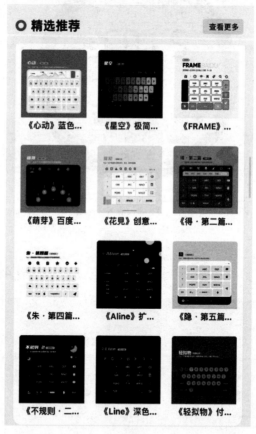

图 7.4　一家专门经营输入法皮肤的公司

以上的场景从使用者的角度看，正是我们日常发生的案例。我们有时会感叹这些设计好美，它们无处不在，将我们视线里的所有事物都装饰得非常漂亮，小到输入法皮肤，大到主题等。

虚拟付费场景对于熟悉互联网的人群而言，已经不是新鲜事物。稀缺的是我们缺乏发现的能力，其实，我们周边付费的内容非常多，例如喜欢在聊天时发送各种可爱的表情，有的表情需要付费，有的只需使用者自愿打赏。

当然，可能大多数人并没有联想起另外一个场景，即我有能力设计出这样的作品吗？或者我也可以尝试一下，成为别人使用的作品，除了展示自己的专业能力外，还可以变成一门生意，甚至获得不菲的收入。或者，未来我们不仅作为使用者，也会成为创作者。

7.2　作为创作者

某天，你正在创作一件软件原型，创作完成之后，团队因为项目调整的原因，这个方案被舍弃了，你无意间单击了软件中的分享按钮。几天后，你突然发现账户里增加了几笔不小的收入，由此给你打开了一扇新的大门，也可能是你身份转变的起端。

使用者的无意间分享，可能是促成自己转向创作者的直接因素。今天无论是在线笔记应用还是原型交互设计应用，甚至包括导图、模型、方案模板都可以通过平台实现销售。数字软件工具从纯粹的角色，正在朝着生态型平台转变，这非常契合分享经济中的一种形式。正因此，创作成为无所不在的行为，个体的专业能力获得了广泛的展示舞台。

平面设计、图片（设计素材）、演示文稿模板这些创作群体基础较大，应用范围也较广的领域，是最早实现商业变现能力的。这种分享经济模式下的商业模式，一直处于互联网诸多产业中的边缘，很难获得大家的关注。此类商业公司第 1 次走进大众视野中，源自这个领域的第一家上市公司——视觉中国，事件的起源是视觉中国将人类历史上第一张黑洞照片版权归属自己，触发了社会各阶层的质疑，由此引发关注。

视觉中国的商业模式其实非常简单，就是囤积大量的高清素材，整体打包卖给有需求的企业或者有需求的专业人士，一方面以集中供应的方式方便客户进行选择；另一方面也降低了客户制作的成本尤其是时间成本。随着名气的提升，大量的摄影师（创作者）为其供应原创的作品，形成了商业闭环。这样的模式如今已经数见不鲜。在大量的自媒体平台的创作工具中集成了类似的创作者服务，为创作者提供原创素材，极大地降低了创作者的门槛及避免了版权问题带来的纠纷，如图 7.5 所示。

平台开放创作者入口，创作者可以根据平台的属性提供对应的原创作品，获得变现的渠道。笔者将这种场景称为创作者经济。创作者经济中的商品基本为虚拟内容，创作者依靠的是自己的知识储备与专业能力，并将其转换为具体的商品，在数字网络环境进行销售。目前主要的变现途径分为两种：①创作者利用第三方 SaaS 软件搭建自己的销售平台或者工具；②创作者入驻到平台中，其收入需要和平台方分成。平台非常乐意创作者入驻，一方面此类创作活动具备一定的门槛，也意味着人才资源非常有限，这类

图 7.5　某自媒体平台提供的素材服务

人群在自己所在的领域拥有非常强的影响力；另一方面大量的优质作品本身就是流量，能够加速平台的传播。

亿图图示软件算是非常典型的案例，一方面对于活跃的且作品质量较高的创作者进行认证；另一方面不断推出活动，鼓励创作者在自媒体平台分享自己的作品，如图 7.6 所示。

图 7.6　亿图社区的达人认证

亿图这类软件工具，在过去仅仅作为创作工具，而如今也增加了创作社区，将功能与生态升级到同等的地位。Eagle 的新版本充分说明了创作者经济正在成为数字经济中的重要成分。Eagle 作为非常有名的图片整理与管理软件（现在升级到可以支持更多的要素），很多知名公司与设计师在使用，如图 7.7 所示。

Eagle 在很长的时间里是一款非常纯粹的数字工具，独立客户端安装，但是在新的版本中，也增加了社区模块，如图 7.8 所示。

图 7.7　Eagle 是一款非常优秀的资源管理与整理的软件

图 7.8　Eagle 社区

　　站酷在设计师圈子里非常有名,曾是设计师爱好者的交流与作品展示社区,并根据设计师常见的需求增加了素材下载服务。经过多年的发展,如今围绕设计师群体衍生了培训、版权素材、商业活动等综合性服务功能。依托庞大的设计师群体,站酷又新增了正版设计图库与素材服务,向个人设计师与企业提供设计所需要的正版素材服务,虽然价格上比较高,但是依靠多年的品牌积累、影响力与用户黏性等优势,获得了市场的高度认可,如图 7.9 所示。

图 7.9　站酷的版权业务

微信生态的表情更是最为典型的案例,我们在日常社交活动中,当大量频繁地使用某个表情时,可能没有意识到另外一个可能,即该表情的创作者通过创作获得了较高的收入。考虑到微信的用户规模,我们也大体能推算出创作者的规模。

7.1 节提到过的输入法皮肤案例,实际上来自一家名叫森林集的品牌,其推出的输入法皮肤非常好看,在网络上深受大家的喜爱,定价也非常低,关键是用户的复购率非常高且用户非常忠实,如图 7.10 所示。

以上案例在某种程度上向我们描述了数字创作者经济的影响力及其内在的活跃度。得益于在线化进程的推动,大量在线人群与其对应的付费习惯是创作者经济崛起的基础。对于创作者而言,数字网络中的机遇非常多,在很多被人忽略的领域里,非常容易支撑多个中小企业的发展,并可以获得很好的发展机遇。因为小众且细分,往往竞争力度没有那么强烈,这也给创作者提供了一个良性的发展环境。

图 7.10　森林集设计的皮肤

图文内容平台、视频内容平台、社交平台等，以及成熟的工具都赋予了创作者以低成本的方式轻松完成商业拓展的能力。创作者经济也可以视为知识付费的另一种场景，产品的形式从务虚走向了务实，具备了现实的实用性。

可以预见，随着人们对在线运营能力的提升，大量具备创作能力的群体正在获得因数字网络发展而带来的机遇。

7.3　用价格来定义工作成果

专业能力是可以被商业化的，在数字工具本土化的趋势中，与本土特色结合的相关功能都成为专业人士发挥的领域。

我们应该鼓励大量的创作者通过数字软件的社区功能实现收入方式多样化，亿图图示专门为优质的创作人群提供了专门的社群来服务，提供包括极速审核、规则沟通、培训等综合服务，让优质的创作者脱颖而出，获得更高的收入回报。

这些就是数字时代带来的影响与变化，任何个人或者企业都可以通过数字网络进行产出与变现，而通过成熟的工具与网络，优质产品很容易被发现，并获得一定群体的青睐，继而实现自我价值。

在企业组织中，因为模块化导致企业的运营流程完全可以将行为数据直观明了地呈现出来，所以企业数字化之后也应该被称为透明化企业。在这样的场景中，每个环节中团队成员的效率都可以通过数据分析出模型。当然也意味着企业的收益能够非常清晰地在模块中定位。

价格，或者价值将可以直观地获得呈现与具体指向。

在数字经济中，创作者经济为个体与中小企业提供了另外一个发展的路径，非常值得关注。

7.4　不仅只有自媒体，还有职业能力

"斜杠青年"这个称呼是伴随着移动互联网的崛起而出现的新说法，而现在自媒体运营成为很多人在主业之外的选择，短视频与直播是刺激新媒体运营热潮的直接推因，很多人尤其是年轻人很乐于将自己的兴趣与擅长领域转换为可以变现的商业运营能力。

随着自媒体运营成为企业在进行品牌推广、产品宣发等行为必选的渠道时，自媒体运营能力将成为新的职业能力，现实中好的

自媒体运营功能已经成为企业功能中非常重要的组成,对应的相关人才也成为炙手可热的人才。

企业对外为了营销而必然需要进行宣传活动时,从线下媒体渠道到线上媒体渠道,再度转换为将 IP 媒体号纳入重要的组成部分。IP 媒体号在整个企业宣发渠道的影响力正越来越大,在科技领域可能更具有代表性,智能手机在新机发布时,最先被我们熟悉的渠道来源于各个媒体号也就是 IP 号的宣传与评测,这个现象已经成为行业的通用宣传手法。

自媒体这种形式的出现让用户开始被大量的 IP 号影响,促成了 KOL 这一群体的壮大,同时个人媒体号逐渐成为影响企业品牌、产品宣发的重要渠道。尤其是短视频崛起之后,即便是传统非常依赖机构力量进行推广的电影作品,也关注到了个人 IP 号的影响力,纷纷参与其中。

当企业认识到媒体号运营的重要性时,介入其中便成为共识,而新媒体运营成为新的职业。新媒体运营的工作内容也从账号的运营到内容策划,包括变现等一站式的工作内容,甚至一家企业的核心渠道已经变成媒体号。

没有人再可以忽略媒体运营的重要性,同样掌握媒体号运营能力的个人,也成为企业中非常炙手可热的运营人才。

7.5 小花的新职业

小花原先在一家互联网科技公司从事软件界面设计工作,设计风格非常有特色,深受用户喜欢。一次在社交媒体上浏览时发现,有一名博主非常喜欢分享各种输入法界面并向用户推荐,在看下面的评论时发现大家非常喜欢 DY 风格的皮肤,但是目前国内从事此领域的人非常少。

小花突发奇想,想朝着此方向创业,但是自己没有能力运营,所以便给这位博主留言,希望可以一起合作。这位博主叫小野,听完小花的规划后非常心动,立刻表示非常认可。

双方很快就为合作达成了共识,考虑到小花的设计能力是核心优势,所以小花成为新注册的公司主体中的大股东,双方的分工如下:

(1)小花负责公司的产品研发,当然也包括公司对外宣传物料的设计等。

(2)小野负责公司的运营,包括基本的内部管理。

(3)早期公司运营所需要的资金按照两个人的股权占比出资。

小花和小野很快注册好了公司,并想好了公司的品牌名:爱肤集,小野非常擅长媒体号运营,对媒体号名称非常敏感,两个人确定了名称之后,小野第一时间就在全网抢注了爱肤集的名称。同时,小野看了小花的设计作品,增加了新业务,即做原创壁纸,小花的插画水平不错,也觉得有前景。

小野选用了第三方的电商 SaaS 软件作为爱肤集公众号的软件平台,上架了商品的购买链接,并在链接中增加了教学视频。

这时新的问题也随之呈现在两个人面前,目前第三方电商运营软件没有自动下载虚拟商品的功能,最佳的替代方案就是用户购买之后跳转到某品牌的云盘进行下载。好消息是某品牌的云盘功能增加了随机显示下载码的功能。

一切准备就绪之后,小野赶快制作了种草视频,分享在自己的媒体号之后，并通过媒体平台的电商系统增加了购买链接跳转功能，非常方便用户购买。

爱肤集的设计风格非常受欢迎，很快就突破了上万的下载量，但也遇到了盗版问题。

小野赶快将爱肤集的所有设计都注册了图文著作权，并和小花商量之后，拓展了新的业务，即寻找到一些热门的古装影视剧出品方合作联名的事宜。

由此，爱肤集的业务线也基本稳定。

最近，小野正在和小花商量能不能入驻智能手机的主题商店，为智能手机设计付费主题。小花觉得可以尝试一下，他们看中了某品牌，因为该品牌的用户群体相对年轻，没有太高的教育成本。

事实上在我们周边已经存在不少小花与小野这样的创业公司，他们的业务简单，赢在对市场风向的敏感。当然，大量成熟的数字工具成为能够让他们的想法落地的基本保障，如果倒退三年，小花与小野的想法可能就不会这么简单地落地了。

第 8 章

协同工作的软件网络

互联网行业的发展,除了技术带来了运营模式的改变,当然也促进了工作模式的变革。从 Web 1.0 到 Web 3.0,我们会发现技术一直在提升个体的创造效率并推动个体通过网络参与到和更多人在一起创造的协同网络中。应用软件成为组成这张协同网络中的重要节点,它像通向网络的管道或者通道,避免了因技术门槛而带来的阻碍。

从消费互联网到产业互联网,数字软件工具在数字时代中所扮演的角色越来越重要,也正是数字软件工具将数字网络这张网络延伸到每位个体与组织,而随着加入数字网络中的个体与组织增多,对应的创造活动也增加起来,使数字网络生态更为丰富,因此只有足够丰富的数字软件生态才能推动数字经济的发展。

8.1 企业的协同网络如何搭建

在门户网站的阶段里,我们参与网络中的创作活动是通过浏览器这样的载体实现的。在移动互联网阶段,尤其在高速移动通信网络的推动下,我们与网络连接的主要场景从浏览器转向独立的移动软件应用,移动智能终端设备成为创作的新平台,也正是在这个阶段,不同软件应用之间的连接变得更为频繁,数字网络也正式让个体与组织充分地融入一张网中,如图 8.1 所示。

图 8.1　移动应用

当我们从上到下去俯视一家企业组织时,其无论是组织功能之间的沟通还是业务关系的联系,都可以视为一张组织网络。在企业管理学中,想要提升一家企业组织的运行效率,习惯的做法是从两个模块中挖掘潜力,一是从人的视角,衍生出文化与理念等管理要素;另一个是从事的角度,通过流程改善和系统搭建等方式实现。

在数字时代里,数字化转型的大背景下,任何企业围绕经营行为而展开的网络都可以称为数字网络。在此网络中,通过数字工具或者通过数字工具为基础搭建的数字平台或者系统都可以视为一种协作关系,不同软件之间的切换,不同工作之间的协作,放在企业内部的网络中就是企业协同网络。企业的协同网络跟着人与事走,这个场景非常好理解,一个项目可以涉及不同的人,不同的人可能在不同的城市,但是都可以在同一个软件工具中实现工作进度同步。不同的工作内容,以及流程中的前后阶段,也可以在数字平台或者系统(包括数字软件)工具中无缝衔接,甚至即时呈现结果。这就是企业协同网络的具体应用场景。

　　企业协同网络体系的打造,在某种程度上就是将人与事紧密联系在一起,通过数字工具搭建低延迟的运营系统,提升企业的决策与执行效率,而在更大的意义上面,企业的管理者与经营者都将及时获取最精确的信息,并及时做出反应。这个场景是不是类似于我们曾经历过的扁平化组织体系。协同网络一方面提升了决策层掌控全局要素的能力;另一方面将企业内部的行为网络化,增加了组织部分彼此之间的联系,如图 8.2 所示。

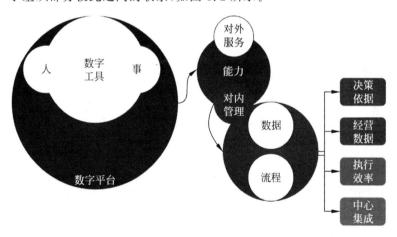

图 8.2　企业协同网络

　　在数字时代里没有任何企业能够忽视协同体系的建设,同样也没有企业可以忽略数字化进程带来的效率革命。

　　如果企业组织完成了数字化转型,则意味着成为数字型组织,那么如何定义数字企业或者说数字企业的内部结构与运行模式是怎样的？这个话题我们尚未看到非常具体的诠释与解释，但有一点是肯定的，即数字企业在运行模式上与传统企业完全不同。

数字型组织岗位对应的角色可能是双重身份，一方面是现实的人；另一方面是 ID。岗位 ID 化是非常重要的变化，数字型组织不仅意味着企业运营模式的变革，还代表着组织形式虚拟化，ID 则是这一场景下的符号化特征。众所周知，现实中的人都存在变化多端的人性，这对于组织而言也意味着不确定性增加。这就是为什么过去企业中的岗位往往因人性而影响，也带动了很多分析工具走进企业管理领域，背后的原因就是为确保人性中的变数尽可能少些影响本职工作的执行。数字企业的岗位 ID 化，实际上是将岗位符号化，将行为数据化。避免人性带来的变化，ID 化是非常明显的特征，对于外部客户而言，他们接触到的往往是被标准参与定义的 ID，而背后的人则变得不再重要，去人性化是企业走向数字企业的重要一步。

这个场景也非常类似企业信息化，在企业信息化的过程中最难的并非是软件系统的设计与开发，而是在开发软件系统时需要梳理企业线下的制度，确保这些制度与流程、标准化规则衔接，确保所有人能够理解规则，并按照规则执行下去。

ID 化的背后是去人性化，标准化的背后是树立权威，最后则是建设运营体系。协同化网络的建设便是遵循着这些原则逐一展开的，并通过培训不断固化流程，因此，我们也应当看到，协同网络的建设并非是随意性的，而是基于系列原则逐步展开，并联系起人与事。

企业内部的协同化网络建设，根本目的是推动公司内部的岗位与岗位之间，人与人之间，软件工具与软件工具之间不断衔接，继而实现高效率的沟通与解决问题的流程化。这一切的基础则是首先需要选择数字平台,也就是运营中台,作为企业内部的数字网络中心,运营中台扮演着基础设施的角色。

沟通的内容通过运营中台中的社交功能完成,而任何需要跨部门协调的方案,则需要通过运营中台中的文档来细化,并通过在线会议软件实现最终的协调与沟通。

协同网络的建设离不开数字软件的角色,当然最终是推动团队成员熟悉并习惯通过数字软件来确定事物的详情与流程跟踪,并最终进行复盘。在线化沟通、协调的工作方式是搭建协同工作氛围的工作文化内容。

8.2　移动计算带来的全场景办公模式

假如你正在出差,团队成员完成了一份活动方案并需要你马上给予回复。可以通过 iPad 打开公司企业微信,这时会收到提醒,你点开提醒内容并进入成员发给你的文档,快速浏览完,在需要补充的地方输入内容即可,这个工作场景可以在商场里,也可以在出差的高铁上等。

休息日你正在散步,手机突然收到一则消息提醒,需要你马上进入公司的 OA 软件中审批一则重要的事项,你打开手机看了下事项内容觉得没有问题,马上回复同意即可。

团队最近推进的项目经过了认证,需要和你再明确一下,而团队成员目前有部分人在外地,通过企业运营中台中的在线会议软件约定了日期。会议时间到了之后,你的手机立马收到了提示,你点开链接进入会议,因为之前团队已经通过协作文档将内容分享给了你,你只需戴上耳机,再确认一下大家的想法,并快速给予自己的意见。

完成以上的场景,你发现只需一部智能手机就足够了。移动智能终端设备的普及,新一代高速通信网络的商用,成熟的移动应用软件生态分发模式,让一部智能手机也逐步成为办公工具,为此诞生了一个新的名词:轻量化办公。这就是移动计算技术发展带来的便捷,更为关键的是你熟悉了这一切,并习以为常。突然间,我们发现我们不再依赖固定的场所去工作,也包括决策。只需有满足需求的设备与网络,随时可以打开公司的运营软件工具,已经可以像过去一样快速地完成工作。

轻量化办公场景就是移动智能设备发展带来的新工作方式,无论是 Pad 还是折叠屏手机,智能硬件的品牌商都在想办法推动移动办公场景的实现,或者说以更加简单的方式实现。很多自媒体创作工具在追求移动化设备制作,新研发的大量软件工具优先将可以在移动设备上创作的版本推到市场上来,如图 8.3 所示。

我们事实上已经来到了全场景工作的时代,异地办公与在线办公不再是技术畅想,而是大家已经熟悉并正在体验的工作方式。

智能手机从通信设备转变到综合性工具设备,就在于智能化角色。今日而言,移动智能设备的类型简单地可分为手机、平板电脑、计算机 3 种,实则随着智能设备的不断发展,已经衍生出非常丰富的类型与功能,这背后则是移动设备的性能出现爆发式增长。高性能让移动设备可以符合更多的场景需求,尤其是办公场景,结合适配移动办公场景的软件工具,围绕移动办公场景的创作生态也因此出现发展的窗口期。

图 8.3　Samsung DeX 可以让移动设备接入显示器

8.3　数字企业的一张网

互联互通是互联网带给人类社会最基本的想象,并由此将整个人类社会纳入进去。可惜的是受限于不同系统、芯片等硬件环境之间的限制,整个互联网世界实际上被不同的生态,不同的平台,不同的系统生态分割成若干个孤岛,并各自推进自己的生态发展。

真正意义上的数字一张网是能够实现互联互通的数字网络,推动实现数字网络除了互联网科技公司还有国家的力量。互通互联的数字网络才能在真正意义上赋能产业的发展,也会带来新的发展机遇,如图 8.4 所示。

图 8.4 "万物互联"的场景

但如何具体落实每家企业内部的数字网络,才是真正推动数字化最后一千米的大事。这里不得不提中小企业,作为经济体系中最为活跃的部分,中小企业是数字网络中群体规模最大的部分,同时也意味着只有中小企业融入数字网络中,才能在真正意义上实现产业的数字化进程。

众所周知,中小企业的经营活力一直最为活跃,也是产业创新力量中最为关键的群体,所以在数字网络中只有中小企业整体接入数字网络,才能保证数字经济的活跃度,并对整个数字网络的创造力产生重要的影响,这一点毋庸置疑。

企业内部的数字网络建设,因业务发展所需,只有将组织整体融入数字网络中,才能促成数据孤岛被打破,实现最后的融合。所有的数字体系之间才能真正意义上实现融合。

　　一张网的打通,优势还体现在能够极大地降低中小企业的运营成本。数字人民币的推行能够极大地低降低交易成本及交易效率,同样只有阿里巴巴集团的电商体系能够在腾讯系中运行,腾讯系的私域流程优势也能够打通抖音体系等,这样的数字网络才能真正体现出其价值、影响力,并降低整个社会的运营成本,再反哺到经济体中,提升经济组织的运营效率与个体参与经济活动的意愿。

　　同样,我们谈论的物联网、工业互联网才有真正的历史意义。唯独打通每家企业的内部网络,我们才能对智能化、自动化所代表的未来展开想象,并逐步应用普及,如图 8.5 所示。

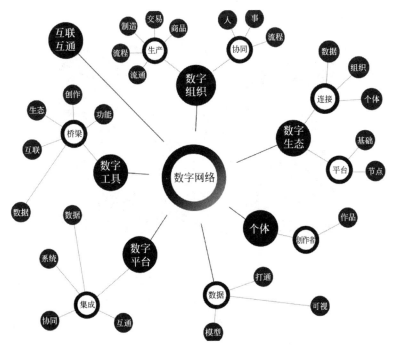

图 8.5　数字网络

8.4　软件是数字网络的梭子

一张网的编织离不开梭子,它将所有的网线穿起来编织成一个又一个的节点,再通过线将这些节点穿起来,最后完成一张网。同时,我们也知道一张网是否结实取决于网中的节点是否牢固与材料质量是否上乘。列举这个场景,正是因为数字软件正像是数字网络中的梭子,将数字体系中的个体、组织等要素编织成为数字网络,如图 8.6 所示。

图 8.6　织网

数字网络也是如此,数字软件工具是网络中的梭子,一面连接着个人与企业;另一面接入数字网络,这或许是对数字网络比较形象的比喻。这样的诠释也能够方便我们更好地理解数字软件工具在数字网络建设中的地位与影响。

运营中台也好,协同网络建设也好,都离不开具体软件的参与。它连接起硬件与软件,软件与软件,硬件与硬件。当然更为重要的是它能够将个人与企业的创造力在网络中展现,形成最为活跃的商业网络。

对数字软件工具需要从几个视角来展开理解:

(1)数字软件工具也可以被视为数字平台或者某个数字软件工具中的组件或部分,承担综合功能的数字软件,或者说拥有自己的生态的数字软件,也会打通数字软件,让其成为自己实现关联功能并完整运行的组成部分,这些数字软件可以称为组件,如图 8.7 所示。

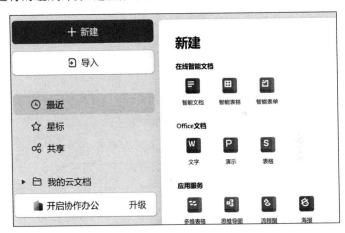

图 8.7　金山文档中的在线图片编辑组件

(2)数字软件工具如果要实现企业的内部管理功能,则可以通过开放接口打通其他数字软件工具,实现企业运营所需要的大部分功能,这样的数字软件工具可以作为企业运营中台的角色。

(3)部分数字软件工具通过开放接口吸引软件开发商或者个体,为其提供与主体功能相关的服务,这样的数字软件虽然拥有自己的生态,但仍作为数字软件工具。

封闭的数字软件生态几乎已经不存在,正如前面我们所分析的那样,个人既是数字软件的使用者,也是其生态的创造者,彼此影响,共同构建数字网络生态。

通过数字平台中的社交工具来跟踪客户的服务,无论是收款还是定义的标签,都可以在另一个软件中得到完整的数据呈现。

8.5 C 企业的案例

C 企业是一家电商代运营公司,公司注册在一线城市,随着一线城市的房租与人力成本的不断上涨,S 城市适时推出的招商政策非常吸引 C 企业。C 企业在一线城市沉淀了很多年,无论是人脉还是固定资产等,都难以一下子全部迁移。

2020 年的疫情让 C 企业最终下了决心。企业负责人将企业一分为二,一线城市保留少部分人,大部分人迁移到 S 城市。为了日常的两地沟通,C 企业搭建了内部的协同网络,通过企业内部的软件工具分别建立了文件资料共享中心和协同沟通中心等,成为保证两地开展工作的基础保障。

原先公司办公地保留总部功能(法务、财务等),并将新增的教育中心保留在一线城市,而运营、销售等迁到 S 城市。

S 城市的团队接到任何业务,只需将合同扫描到共享合同中心,总部的法务团队便能即时收到,很快给予批复,而所有的批注都可以在线完成。所有对接痕迹都会在系统中显示,保证可以追溯。

大量的制度与内部通知内容只需发布在公司的数字运营平台

上，这样大家虽身处两地，但都可以在第一时间获取。

同时保证了异地管理中可能出现的客户资源流失问题，C 企业为负责和客户直接接触的成员匹配了办公设备，并按照标准在公司的数字平台注册了拟人化的统一 ID，并规定对外沟通时统一采用数字平台工具来完成，而数字软件在任何员工离职时，都可以通过继承等功能实现客户资源的一键转让。

ID 化让一切遵从标准而非遵从人的个性，同时为了保证在对外沟通中，客户认定的是公司账号而非个人账号，拟人化也是 C 企业力推的工作模式。所谓拟人化，就是设置的客服号采用个性化的昵称，而非冷冰冰的客服称呼，提升了客户的体验。

智能化工具的引用也提升了与客户沟通的时长与效率，24h 的智能回复功能能让客户在留言时不再是空白的，而是能够得到回应，复杂的问题会在成员上班后得到跟踪及解决。

在数字工具后台，每个 ID 账号的行为数据都会以可视化看板的形式展现出来，方便在总部的人事岗位追踪绩效考评，也方便团队之间进行复盘与改进沟通体验。

最终，即便加上搬迁的成本，C 企业迁址后的成本相对于过去呈直线下降，而且得益于数字工具的应用，大家的工作效率并没有降低。

C 企业的工作模式已经在业内被广泛采用。为了抵御成本带来的可能亏损，大家都将对成本非常敏感的模块与业务迁到成本更低的二三线城市。

更为关键的是随着在线办公和异地办公模式的普及，人们已经适应了这种工作方式，跨地区的工作协同已经成为大家均可以接受的工作方式。

第 9 章

从数字企业到数字员工

元宇宙概念火起来时,超现实数字人第一次出现在我们面前,作为延展场景的数字员工已经不再是概念,而是成为可以落地的商用产品。

现在大家发现很多品牌会积极邀请你加入它们的社群,无论是社群的群主还是添加你的客服,表达方式与真人无异,你可能已经不会关注账号背后是谁,或许账号背后的人一直在变,但是不变的是账号的名称,反反复复添加客户,并及时跟踪,为用户提供对应的服务。

在数字企业对外关系中,员工对外的可能只是一个个 ID,而非过去那样是具体充满个性的人,去人性化,回归标准,人变成符号,这可能是有史以来最大的变革。

9.1 ID 的背后是任何人

拟人化 ID 不是简单地将岗位角色虚拟化,而是通过数字技术将岗位所需要的标准参数化后呈现给内部与外部客户。这里的内部客户指的是按照工作内容的顺序构建的关系,例如开发一套软件应用,技术岗可以是产品岗的客户等。岗位角色 ID 化后,人只是 ID 背后的操作员,而非完全的掌控者,甚至部分权限是被定义的,被赋予的,意味着"操作员"并不能完全拥有 ID 所代表岗位的全部能力。在公司集成的中台系统中,应该能够根据业务与公司管理的需要赋予不同 ID 一定的临时权限,以便完成更多的事情。

岗位角色 ID 化后,更能适应数字技术的应用,因为程序式的运营需要的是依照标准参数来完成对应的任务,而非强调个性化。那么,是否意味着个性化完全消失了? 其实不然,个性化仍然需要,只是需要现实中更高一级的岗位来赋予。可以换个角度来阐述这个场景。数字系统是天然反感过多个性化的,因为过多的个性化意味着系统的不确定性增加了,并对系统的稳定性产生了巨大的挑战。

稳定性一直是软件开发工程师最高的追求,也是人们最低的需求。在企业组织运行中,稳定性也是企业管理中的重要诉求之一,但是个性化问题天然对其产生了挑战与压力。数字化则像是稳定器,提升了企业运行的稳定性。

ID 化不仅体现在数字企业对外关系上,在数字软件上也在遵循 ID 化的趋势。

ID 化的好处是抛弃人性的复杂程度,ID 像个标准盒子,不论你在现实中是什么职位,具备什么样的性格,一旦你进入这个 ID,那么你的所有言行就必须遵循 ID 的规则,成为流程中的螺钉。

ID 化后,对于企业而言,真正意义上将资产公司化,公司的数据包括用户数据不再跟随人走,而是跟随 ID 走。在企业微信这类的数字平台上,系统中增加的离职继承与在职继承两个功能,确保了企业核心数据能够快速实现迁移。

如果我们留意一些新闻,则会发现很多公司的裁员往往是从系统剔除权限开始的,数字企业的管理要比传统企业更简单,权限跟着 ID 走,数据透明化,这些都是将人转换为数字形式而在企业中存在的,如图 9.1 所示。

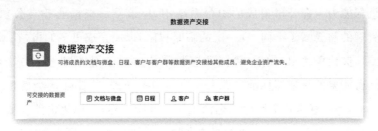

图 9.1 数据是数字组织中的重要资产

在企业数字化转型的过程中,运营中台建设方案是搭建整个数字系统的重中之重。因为任何企业的数字化,首先需要满足内部管理的数字化功能,这样才能满足对外的整体性呈现需求。数字化后的组织,中台成为企业的另一个大脑,能够通过指令与操作,在最短的时间内完成指令内容的执行。正如上一段内容所提及的,在人事行政模块中,信息的快速传达与执行,则是非常明显的案例与场景。

另一个则体现在数字组织对外服务的过程中,运营中台能够构建起上下游关系。在企业组织中任何岗位在数字系统中的言行都一目了然,并且能够做到集成化呈现,这对管理与运营效率的效果是显而易见的。

数字资产交接功能一般属于数字运营平台中的标配功能,简单概括就是在数字平台中的所有数据都可以一键实现迁移,确保了数据资产的安全交接。所以我们为什么说在数字时代里,数字资产成为企业资产中的重要组成部分,它的出现让企业的价值评估体系重新被构建。

数据,尤其是可量化的数据,在数字时代里成为衡量个体与组织的重要指标。个体与组织的整体性不再是模糊不清的,而是变得非常透明。

由此可以畅想,数据既是个体的过去,也代表着未来。对于组织而言,历史不再是痕迹,而是层层叠叠的记录。更详细的描述无论是技能还是言行,在数字组织中都能够被有效地集成与传递,信息的传递效率将极大提升,这带来的意义可以想象。

9.2　数字企业中的流水线

范式会是数字组织最为明显的特征之一。标准化是流水线得以实现的基础,所以流水线化是数字企业很重要的运营形式。这个体现在社群运营标准作业程序(Standard Operating Procedure,SOP)流程的自动化,以及内容推送的自动化等。

我们将以用户服务场景为案例详细展开阐述,任何企业 ID 号都可以添加用户,并搭建社群,但是围绕用户与社群的运营可能并非是组建人,也就是我们所讲的群主,更高权限的 ID 可以绕过组建 ID,实现对企业所有社群的内容推动。

流水线化实则赋予了个人更大的能力,借助数字平台的智能化工具与功能,一个人所能服务的用户数量是过去无法想象的。

自动化加群功能也是企业微信这种数字平台特有的优势,依赖微信生态的 SaaS 软件,都配置了企业微信助手等软件工具。在私域流程进行推广时,只需进行简单设置就可以让用户自动进群,而且可以根据群规模的设置自动分配,而非像过去一样,逐一添加后邀请进群。

数字化后,用户级市场的数字软件权限实际上在降低,而企业级数字软件的权限却在扩大。当然更重要的是个人的效率大大提升了,一套数字软件组件的运营体系,能够使个人的工作数倍产出,所以超级个体现象也将是数字时代里常见的案例,而非想象。

流水线化的数字企业和传统的生产流水线企业也存在着若干的不同:

(1)生产企业的流水线,依靠的还是人,一个环节一个人,提升的是产出效率,而非自动化技术。

(2)数字企业的流水线是流程的自动化,而环节中可能是同样的人。将流程单独剥离后,获得权限的任何 ID 都可以操作流程,并让流程自动化运行。

(3)流程是不变的,而人是可以改变的。

另外,我们仍需要关注智能技术的应用,它可能会再次对企业的运营模式产生重大的影响与变革,真正推动企业的自动化。

所以,更小更精的企业可能是未来非常主流的发展趋势。小规模企业通过技术的投入与应用,可能产出非常大的商业价值,这个案例已经在我们周边开始出现。IP 化企业可能就是其中的典型案例。

9.3 数字企业的设置

一家数字企业的开启是通过一系列设置完成的。这看似很科幻的操作,却是未来数字企业的常规操作。

很多中小企业经常问的一个问题是如何成为数字企业,以及成为数字企业的必经之路是什么。理解这个,首先,需要回答为什么要成为数字企业,从表面上看是效率提升的迫切需求,人力成本上涨了,运营方式变革了,这些都需要企业适应数字化发展的趋势,提升自己的竞争效率,这是大势,没有跟上的企业难以在未来获得竞争的生存空间;其次,对于个人与创业企业而言,理解数字化趋势,或者在向数字企业转型的过程中,才能理解数字化浪潮带来的变化与机会,尤其是发展的机会。这两个是企业需要升级到数字企业的根本;最后,需要定义企业的属性,根据属性选择对应的运营中台工具,运营中台是中小企业数字化转型的基础配置,而对于目前的中小企业,考虑到私域流程的运营,企业微信是比较好的选择,所以本书以企业微信为场景来配置数字企业。

目前免费且功能集成较好的可以作为数字中台的选择有二三个,如飞书、企业微信、钉钉,但微信生态对于所有企业而言是必须考虑的生态圈,并且无论是公众号、企业微信、视频号,还是面向第三方的 SaaS 软件,它们之间彼此衔接较好,所以笔者向中小企业推荐企业微信,以企业微信来搭建运营中台,集成企业所需的软件工具体系。

我们再以前台、中台、后台 3 个模块来推进数字运营体系的搭建,前台中主要涉及业务运营、用户运营两个功能,无论是面向 B 端服务,还是面向 C 端服务,目前第三方的 SaaS 软件已经足够丰富,可以作为业务搭建的基础平台,当然具备一定的技术基础的企业,也可以通过无代码与低代码平台来设计自己的业务平台。通过企业微信的社群管理功能,可以将用户整合到企业微信平台上,很多第三方的 SaaS 推出了自己的企业微信助手功能,相对于原生的企业微信功能进行了功能拓展，拥有更多的功能选择，包括智能化工具。

将第三方的软件工具集成到企业微信的工作台上，并给予团队成员对应的权限，这便使团队成员无须再打开第三方软件，所有软件的操作与使用均可以从企业微信打开。

当然，企业如果还涉及第三方媒体平台的运营，则应将一切流量指向私域运营工具上，这样我们便能获得非常清晰的流程。

9.4　新场景下的"操作工"

在数字企业中，人成为系统中的 ID，通过 ID 获得相应的权限，并因此获得使用对应软件操作的权限与范围。而在通过数字软件搭建的数字运营体系中，ID 只是若干流程环节中的凭证，所以我们会发现人成了 ID 账号的操作工，标准化成为数字企业秩序的基础。

数字操作工可能是未来职场"白领"的新替代名词，而随着智能化工具的出现，这一趋势仍在加强。最近火热的 ChatGPT 人工智能机器人，其智能程度已经能达到相当高的程度，需要关注的是在面向企业级市场时一旦普及这些智能化工具，那么我们完全可以想象以人为中心的生产与创造方式会产生怎样的冲击和影响。

过去，我们熟悉的是人与机器的互动，我们通过钻孔机在钢板上完成打孔，通过磨床将钢板的表面磨平，等等。而随着自动化技术的普及,大量的工作被转向围绕数字工具进行,而这样的企业将不再局限于制造型企业,很多服务性企业与大量非常依赖原创创作的企业也将变成这样的形式。

操作工形式的岗位形态将极大地将人同质化,对于个体而言,在庞大的协同的数字网络中,大量具备原创能力的创作者将具备与众不同的能力,他们将从操作工群体中脱颖而出,成为分工协作体系中的一员。从目前的新职业中已经看到这样的趋势。

当自媒体成为新职业时,个人影响力正在辐射到传统企业级才能完成的领域。与此对应的则是,新媒体渠道成为企业进行品牌推广与产品销售的重要渠道,能够在新媒体领域获得影响力的个体,将成为独立的个体形态,这些个体或是注册的小微组织,或是以个体户形式存在的个体,其因为具备独特的能力,而成为分工协作网络中的一员,也成为数字网络体系中的参与者,当然也是数字时代的获利者。

数字创作者这样的身份,在如今还没有获得足够的对待,目前这样的群体显然还没有如同自媒体从业者一样获得足够多的关注与影响,他们的影响力局限于专业的圈子,大部分人只有在使用专业软件时才可能看到过或者听说过。

笔者对数字创作者的定义是通过数字软件生态实现创作结果的分享,并获得收益的群体。例如在使用办公软件时,能看到大量的模板,这些模板背后的创作者就是非常典型的数字创作者。

图示领域也是数字创作者比较多的领域,大量的创作者通过图示软件向数字软件社区分享他们的创作成果、复杂的流程图、高难度的业务模型图,以及其他形式的具有商业价值的模型与流程图,最简单的还有组织架构图等,这些创作的群体在现实中都具有一定的专业能力,他们利用平时的时间或者业余时间创作出成熟的作品,分享给需要者并获得收益,这样的群体,我们在数字软件生态中几乎很容易就能看到。

数字化的形式让个体正摒弃个性化,成为标准化中的操作者,而非创造者。那么对于个体而言,只有具备一定的专业能力,才能避免成为操作工式的螺钉,而是成为分工协作网络中的参与者,也只有这样才能成为受益者。

9.5 车间企业替代齿轮企业

流水线的出现曾是改变制造业的一种新的生产方式,其最根本的影响是让人成为流程化中的环节,而非具有个人的生产者。流水线的出现为后续的机器化普及奠定了基础,继而走到今天我们看到的无人化车间,以及自动化工厂。那么,这样的场景是否仅限于制造型企业?显然不是,车间企业的形式更像是企业数字化后必然呈现的场景。

过去,我们将一家功能齐全的企业形象地称为齿轮企业,各个功能的部门彼此合作,就像一个个紧密啮合的齿轮,啮合的程度决定了企业运行的效率。这里会出现一个问题,即企业达到一定的规模后,也会产生疲劳的问题,不同部件之间再难以像早期那样产生非常高的黏合度,这就会导致企业的运营效率降低,组织功能老化,产生我们所讲的企业发展萎靡不振的现象。

头部科技公司为什么会出现从建中台到拆中台的现象,本质在于提升企业组织模块的快速反应效率,继而在整体上推动企业运行能力的提升。

依托精细化的功能中台,与前台业务联动,互为支撑,则在本质上将大组织拆分为若干小的组织,解决企业运营能力退化的问题,而以此构建的流程等要素,可以快速在组织模块中流动,减少反应的时间。

齿轮企业需要一个动力源才能让齿轮结构产生作用,实现运转。传统企业组织,在快速发展阶段,所有要素都围绕业务运转,组织中的任何人都对未来充满信心,这就是动力源。发展速度在某种程度上会成为掩盖问题的最好方式,但是,发展的速度一旦慢下来,精细化经营成为新的方向,这个阶段动力源很容易被错误定义,最终影响企业的发展。

从齿轮企业到车间企业的转变,从逻辑关系上来讲是随着技术发展到一定程度之后,面向人的管理工具正在升级。尤其是进入网络社会之后,协同工作的方式使人与人之间,以及事与事之间的连接更加紧密,而通过数字技术的支持,各项要素的数据可以模型化呈现,对于决策者与管理者而言,对内管理及对外服务的能力大大提升了。从这个角度看,依据数据、模型决策,对于企业而言,定义动力源也更精准,提升了企业对方向把握的能力。

车间企业是一种形象化的描述,简单点讲就是通过数字技术将企业模块化,根据不同业务之间的关系,灵活调整位置,同时也方便将决策功能靠近市场。过去,决策非常重要,这个非常依赖于人,而受限人自身的条件,因此我们很容易发现由于人本身的局限性,至上而下地执行很容易在人的身上出现问题,但是通过数字技术则有效地缓解了这个问题,甚至可以得到更好的解决。

现在,数字企业更像一个标准化的车间,所有人在为流程而转动,流程化的程度决定了企业的效率。

数字技术带来的影响还不仅于此,如果将个体的身份简单地分为组织中的角色与独立自由的个体,则数字技术呈现出来的价值与意义也是不一样的。组织中的角色,数字技术的运用,将组织的完整性列为首要的需求,去人性化,依靠系统成为最为明显的特征,而围绕个体,数字个体给个体提供了更大的能力展现空间,几乎已到达了全方位的通道,当然在这个过程中,个体与个体之间,组织与组织之间的竞争也将变得更加激烈,如图 9.2 所示。

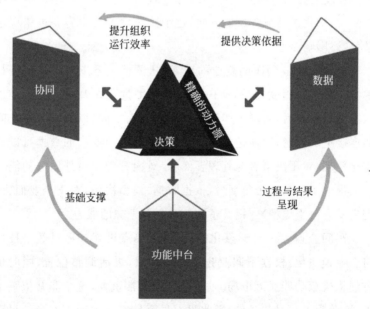

图 9.2　车间企业运营模式

9.6　数字人带来的新挑战

　　虚拟化技术与岗位角色 ID 化，让虚拟形象的出现只是时间早晚的问题，但如无 AI 技术、高保真技术、引擎技术等技术要素的发展，虚拟形象则难以走进现实，让我们的生活产生如此大的变化。数字人，则更进一步走入更为广阔的应用场景。由此数字员工这样的技术落地案例才真正起到实际作用，如图 9.3 所示。

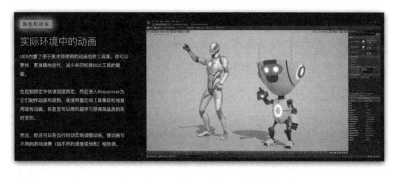

图 9.3　虚幻引擎 5 中的角色与动画功能

　　数字人作为员工的替代方式其实出现得更早，例如更早接触到的电话机器人，以及能够自动与陌生人沟通的智能电话软件，这种场景对于客户的体验感带来的影响并不深，因为没有视觉的呈现。

　　万科公司曾推出数字员工崔筱盼,这是万科公司和小冰公司联合打造的虚拟人员形象。数字人和过去的虚拟人不一样,其能够完成非常具体的工作任务,得益于深度神经网络技术的发展及大数据技术,数字人已经能够像真人一样与人沟通,并完成一定程度上的任务。数字人更加立体,并因为高度定制,能够在形象方面提升对客户的友好度。

　　数字人已经变成一个庞大的具备完整生态链的产业,它们通过大数据分析来定制符合企业客户群体喜好的形象,与真人不同的是,数字员工能够做到真正意义上的全天候工作,如图 9.4所示。

　　数字人的出现,对职业生态产生的影响目前我们还难以评估,但是就目前的案例而言,一些功能岗位,例如客服和销售等基础岗位已经完全可以被替代。如果数字人足够智能化,则更复杂的专业岗位也存在被替代的可能。淘宝很早就实现了通过 AI 技术完成页面更新的任务,这样的技术应用完全可以通过数字人实现。

　　最大的意外可能是 AI 技术的发展,最近最为火热的ChatGPT,向人们呈现了 AI 技术的发展早已超乎大家的预料。我们关心的是随着这样的成熟技术被广泛应用,数字员工这样的场景可能会被更大规模地应用,并在现实中替代一些可以标准化甚至复杂的岗位角色。

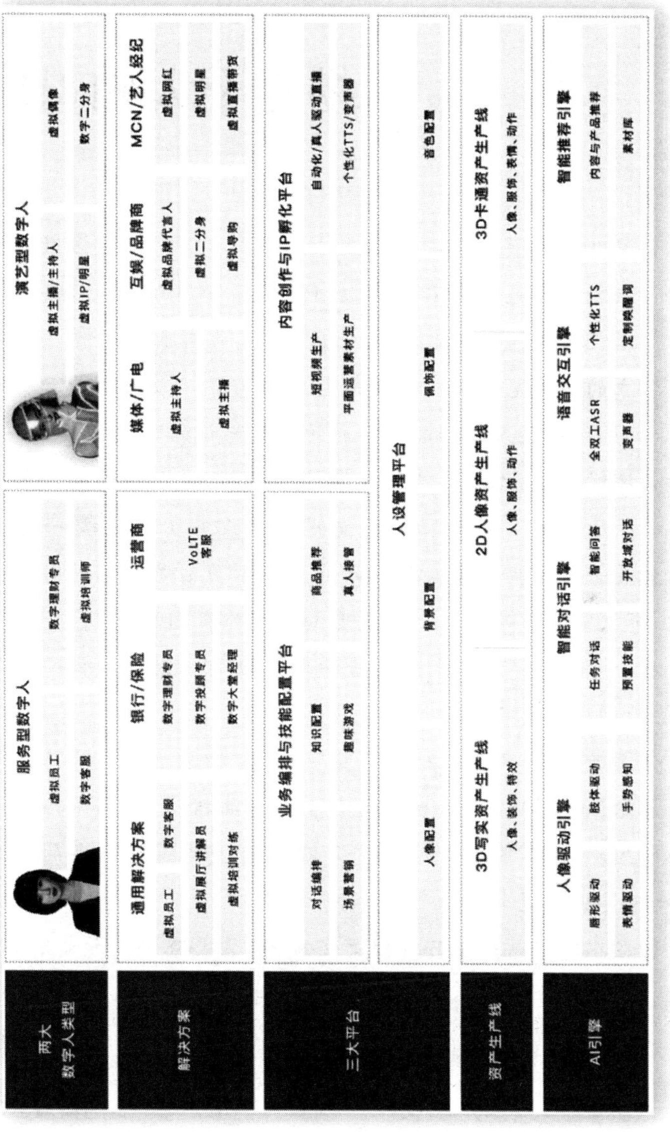

图 9.4 百度公司的智能数字人平台

第 10 章

搭建个人知识库

笔记应用可能是被广泛应用的软件工具之一，绝大多数人需要一款体验较佳的笔记应用，以便在 PC 设备和移动智能设备上实现随时随地记录思考、会议、沟通等内容，成为自我知识体系的一部分。独立的具备笔记功能的设备也成为为数不多的商业产品形态之一，可见记笔记是我们非常重要的获取知识的方式之一。

在数字时代里，无纸化是技术发展的必然，大量的信息内容获取不再局限于纸面上的内容，而是通过智能设备获取内容，一方面是技术发展带来的生活方式的变革；另一方面则是人们的时间被碎片化，那么随时随地获取或者整理知识成为我们的日常。

通过一些功能强大、体验较好的笔记应用来搭建我们的知识库，也是面对技术发展的必然选择。

知识库可以是碎片化知识的整理，也可以是自己思考与工作成果的总结，这些内容对于我们的成长与发展极为重要，不应该成为岁月的尘垢，而是能够及时被查询与引用，想想我们一年的阅读积累，规模是极其庞大的。

笔者在撰写书籍或者日常撰写文章时，需要查询大量资料，很多素材的来源及专业内容的知识并非临时抱佛脚的结果，正是通过日复一日的积累，才能在撰写时及时查询与引用，提升自己的创作效率。

10.1　笔记应用发展简史

移动互联网发展带来了在线笔记的广泛应用,有道笔记与印象笔记算是早期的先行者。笔记应用在移动互联网阶段爆发,背后的原因是内容产出方式与形式的变化,人们喜欢极短的内容表达形式,从博客到微博就是这一习惯变化背后的产物。图 10.1 和图 10.2 所示为有道笔记和印象笔记的应用功能。

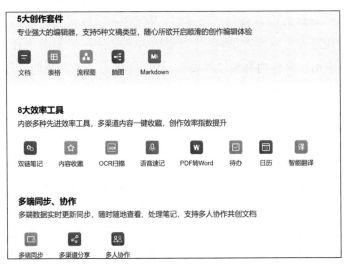

图 10.1　有道笔记应用功能

随时随地表达观点,记录想法,以及及时和团队沟通与交流,在移动化的场景里,智能硬件的性能已经能够像 PC 设备一样满足内容较为复杂的创作。尤其是像短视频这样的流媒体内容与通过

图 10.2　印象笔记应用功能

拍摄形成的内容,智能手机的优势要远远大于 PC 设备,因为就及时性与编辑效率而言,智能手机已经远远超过 PC 设备。

当海量的内容被创作出来时,围绕这些内容实现轻度的编辑与创作已成为刚性需求,这些海量的需求又进一步刺激了针对移动生态的综合性内容整理与撰写、分享应用的发展。我们发现,笔记应用是伴随着网络技术的发展而逐步迭代的。可以简单地将其发展划分为以下阶段。

(1)笔记应用 1.0 版本:这个阶段的笔记应用功能相对简单,满足跨端口、跨设备的创作与数据同步的需求,适应人们在移动化场景下内容的多次创作,但是面向移动设备的适配还很低。

(2)笔记应用 2.0 版本:这个阶段的笔记应用,为了满足智能终端尤其是手机创作的需求,方便人们随时随地地创作,尤其是云计算技术的应用,应用提供者在 PC 端优先提供了 Web 版本,降低了用户对硬件设备性能的要求。云计算技术的落地应用让很多软件应用转变成云应用,云系统只需网络,即便是性能稍差的 PC 设备也可以完成较复杂的内容创作任务。这个阶段,笔记移动应用市场开始爆发,记录尤其是即时记录与分享成为新的发展趋势。

大部分应用是 Web 版本与 App 双版本结合的模式。

（3）笔记应用 3.0 版本：Roam Research 笔记应用的出现带来了双向链笔记模式，笔记应用不再是简单记录图文内容的应用之一，而是成了能够搭建内容平台的软件应用。印象笔记应用随之推出了超级笔记功能，如图 10.3 所示。

图 10.3　印象笔记的超级笔记功能

（4）笔记应用 4.0 版本：这个阶段的笔记应用，我们难以用功能纯粹的应用来描述它。笔者更乐于用平台或者超级应用来称呼它。我们以语雀这款笔记应用来分享一个案例。笔者想要设计一个系列的课程，传统的做法是创建文件夹，并对不同模块再创建单独的子文件夹，对应的内容存储在其中，任何项目在早期对于资料的整理能够帮助我们在后期复盘时提供清晰的路径，如图 10.4 所示。

但是这样的方法也存在问题，例如无法标注当时的思考内容与补充。或者说，传统的方法只是将要素放在了一起，没有形成彼此之间的关系，就像是索引。我们在后期想要重温时难以寻找到

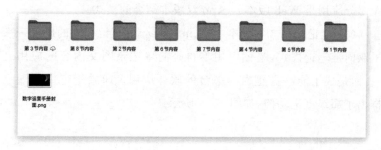

图 10.4　根据不同内容创建的文件夹

接近一样的场景。当然，我们无法随时随地地携带一台 PC 设备，或者说我们无法随时携带一件硬件存储设备。云盘或许是个可替代的方案，还是同样的问题，它只是存储的容器，而非可以随时随地呈现给我们的内容库。

　　通过笔记应用，我们能找到更好的替代方案。可以轻松建立项目的目录，并可以单独创建一个内容页，并在其中创建一个内容集，与其他关联内容产生联系，这样在软件应用中就可以快速跳转，并可以创建多样化的内容形式，实现完整呈现思考路径、注释、成品等要素，如图 10.5 所示。

　　这样的内容呈现是不是要比文件夹的形式更加友好，并且对每个人的阅读习惯也更加适配，我们不需要打开太多的文件夹就可以一目了然地看到想要看到的所有形式的内容，得益于笔记应用对大部分端口的支持，可以在手机、平板电脑，甚至 PC 设备中观看，响应的速度更高。

　　以上的场景案例，只是笔记应用可以完成的一个常见任务，随着对第三方插件的支持，我们能在一个页面中创作非常多的内容形式，并将它们集合起来形成一个超级展示页，这样的场景显然还可以运用到项目与方案展示等领域。

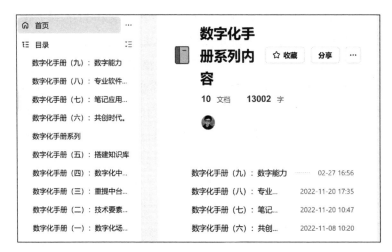

图 10.5 语雀中实现的更丰富的内容集

在数字时代，工具应用的发展非常值得关注，但是笔记应用的发展显然也非常值得我们去关注，因为其正在成为我们无论是生活还是工作中难以缺失的伙伴。更值得关注的是，笔记应用正在成为数字平台中非常重要的组成部分，任何数字组织难以忽略其存在与能发挥的重要价值。

10.2 Obsidian 笔记应用

市面上功能强大的笔记应用非常多，国内在这一领域也涌现出很多优秀的笔记应用，但是我们仍需要了解与熟悉头部一些具有开拓性的笔记应用，以方便我们了解笔记应用的发展趋势及其特点。

笔者最早使用笔记应用是为了整理技术文档和撰写工作文档，并根据不同的场景使用对应的笔记应用，像 Bear、Noto、Notion、语雀等，挑选笔记应用需要考虑很多内容，例如需要兼容多个端口，方便自己能够随时随地地记录想法，这就需要所选择的笔记应用能够支持云端同步数据。另外，任何项目性的文档、前后联系，以及快速查找都是非常重要的需求。过往，我们习惯通过手写本来撰写想法，随着内容的增多，很多记录的内容丢失了。笔记应用带来的关系图谱、网络关系图谱、知识网络图谱等功能能够在知识之间形成可视化的图谱，方便我们快速通过标题、关键词寻找到想要的内容，如图 10.6 和图 10.7 所示。

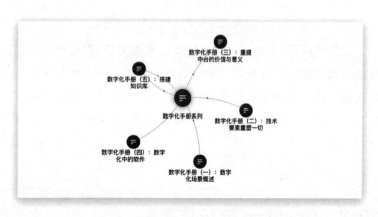

图 10.6　语雀笔记应用的知识网络图谱

今天，我们介绍的笔记应用是 Obsidian，国内很多人将其称为黑曜石，功能非常强大，是创建个人知识库的一款非常适合的笔记平台。Obsidian 可以被称为平台，它是非常典型的卡片式笔记应用，目前支持所有主流的系统，如图 10.8 所示。

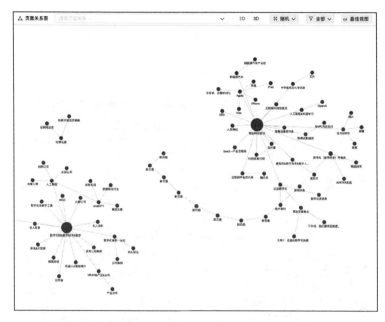

图 10.7 Wolai 的页面关系图谱

图 10.8 Obsidian 官方介绍

我们今天通过 iPad 打开 Obsidian 创建项目,页面非常具有科技感,移动版本相对于 PC 版本,在操作上仍存在一些不足,但是在整体使用习惯上,对于使用过笔记的人而言不存在障碍,如图 10.9所示。

图 10.9　Obsidian 创建项目的页面

Obsidian 创建文件列表之后就可以直接进行撰写内容,操作界面如同其他笔记应用,可以灵活使用各项功能完成文档的撰写。这里需要说明的是,文档与文档之间可以通过链接实现关联内容的跳转,这个与附件功能不同的是一个笔记内部跳转与调用设备本地文档,须特别注意的是,如果你输入的跳转链接文件是即时输入的,则系统会生成一个全新的页面,如图 10.10～图 10.12 所示。

Obsidian 还有一个特点就是插件功能丰富,用户可以根据自己的需求增删对应的插件,以此来提升 Obsidian 的功能,如图 10.13所示。

图 10.10　Obsidian 操作页面

图 10.11　笔记内部文档的跳转功能

无论是本土化，还是操作界面，包括功能，Obsidian 对具备一定技术能力的人群更加友好，但作为被定义为笔记平台的应用，其关系图谱功能与双向链功能决定了其能够在一众笔记应用中成为特殊的存在，如图 10.14 所示。

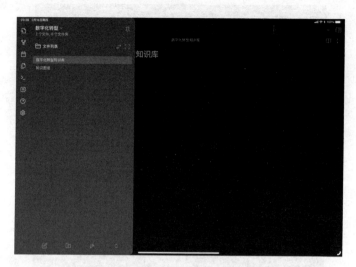

图 10.12　笔记新生成的跳转文件页

图 10.13　Obsidian 工具与插件

　　Obsidian 的本地编辑与腾讯文档的不同在于 Obsidian 数据可以存储在本地，这时 Obsidian 实际上变成了文件的处理器，而腾讯文档可以直接将本地文件上传到笔记应用中，再进行二次整理与编辑，如图 10.15 和图 10.16 所示。

图 10.14　Obsidian 的关系图谱与双向链功能

图 10.15　腾讯文档的导入本地文件功能

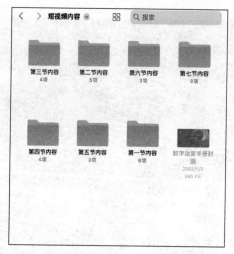

图 10.16 腾讯文档的本地文档上传功能

10.3 什么是双链笔记

Obsidian 的官网有这样一句话：Everything Is Connected，字面意思是每件事情都连接起来，但也可以说成一切都在相互关联。前文在介绍 Obsidian 时提到了关系图谱，我们会发现 Obsidian 与传统的笔记应用存在很大的不同，我们在笔记中的知识点彼此之间不再是孤立的，而是能够在需要时快速跳转。我们在撰写时，也可以按照这个逻辑在关联的内容处创建链接，使其与之前的知识点形成关联。当我们完成一篇或者很多篇内容之后，通过关系图谱，我们能够非常清晰地看到整个内容之间的层次关系与知识点。

我们以笔记案例来举例，笔者在看到不错的图片、数据模型、文章时，会习惯性地通过笔记应用将它们存储下来，方便以后作为素材使用。任何一个领域的知识量都是巨大的，随着积累越来越多，之前的内容非常容易被遗忘，这样笔者搭建的知识库就失去了本身的价值。当然站内搜索的方式也能解决一些问题，但问题是很多站内搜索是基于关键词来寻找结果的。当笔者每次整理素材时，都及时地与之前的内容连接上，并增加标签作为备注，这样整个知识库中的知识便真正连接起来了。我们再以图书馆这个场景举例，笔者作为初学者，想要寻找一本关于 Python 方面的书，这时在笔者找到的书的封面有一张标签，上面提示关于如何在 macOS 系统中搭建环境的书放在旁边书架第二层，图书馆在笔者眼里不再是静态的，而是动态的，形成了一个彼此连接的网络。

双链笔记的出现成为笔记应用发展的一个转折点，也让笔记应用跳出了仅仅作为图文创作的便捷工具，而是具备更为广泛的应用场景，如图 10.17 所示。

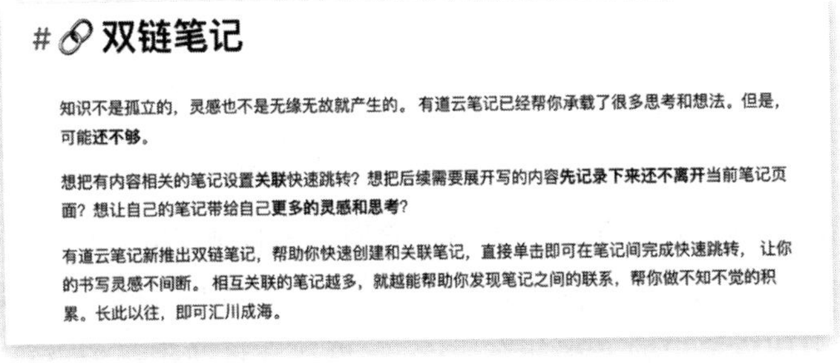
双链笔记

知识不是孤立的，灵感也不是无缘无故就产生的。有道云笔记已经帮你承载了很多思考和想法。但是，可能**还不够**。

想把有内容相关的笔记设置**关联快速跳转**？想把后续需要展开写的内容**先记录下来还不离开**当前笔记页面？想让自己的笔记带给自己**更多的灵感和思考**？

有道云笔记新推出双链笔记，帮助你快速创建和关联笔记，直接单击即可在笔记间完成快速跳转，让你的书写灵感不间断。相互关联的笔记越多，就越能帮助你发现笔记之间的联系，帮你做不知不觉的积累。长此以往，即可汇川成海。

图 10.17　有道笔记关于对双链笔记的诠释内容

10.4　印象笔记的第二次创业：Verse

印象笔记与有道云笔记算是笔记应用赛道出现比较早的品牌之一，很多人都是两者的忠实用户。有道云笔记的整体风格偏向沉稳，印象笔记偏向活跃，两者各有千秋。与我们固有印象不同的是两者都已经衍生出非常多的产品矩阵，如图 10.18 和图 10.19 所示。

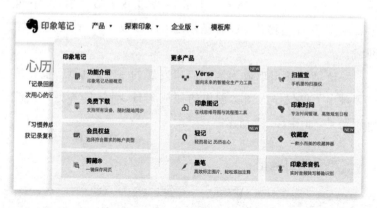

图 10.18　印象笔记的产品矩阵

印象笔记这些年的业务不仅着眼于软件业务，还拓展了面向内容创作方面的硬件业务，Verse 作为印象笔记推出的新品牌，算是对原印象笔记的一次补充。Verse 更适合移动化场景，轻量化，能够满足协作场景，尤其是能够通过 Verse 创建非常多的轻量化任务，如图 10.20 所示。

图 10.19 有道云笔记的产品矩阵

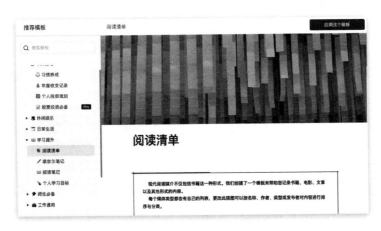

图 10.20 Verse 可以完成的任务

Verse 可以视为印象笔记面向数字工具发展浪潮的下一次转身，尤其是笔记应用平台发展的红利。

10.5　Notion 笔记应用

Notion 被很多人关注源自一则新闻，其估值达到惊人的 100 亿美元，全球拥有 2000 万用户，并拥有惊人的增长潜力，如图 10.21 所示。

Notion，成立于2012年的协作平台，在10月份完成了新一轮2.5亿美元C轮融资，由蔻图资本及红杉资本领投，Base10 Partners等机构跟投，投后估值103亿美元。

令人惊讶的是其成长速度。与2020年4月的上一轮融资相比，Notion的估值翻了5倍有余。但这并不是单纯资本追逐的结果，公司用户数在近两年内也以每年4~5倍的速度增长。2019—2021年，公司披露的用户数分别为100万、400万和超2000万，今年的收入则大涨70%。

图 10.21　2021 年国内科技媒体 36 氪对 Notion 的报道

Notion 在国内的使用者早期主要集中在学生、科技行业从业者两个群体中，简单概括 Notion 的发展过程，Notion 1.0 阶段的侧重点在列表，Notion 2.0 阶段的侧重点在数据库，Notion 3.0 阶段的侧重点在工作流、信息流，而在 2022 年 11 月 17 日 Notion 中文社区官微宣布了 Notion AI 的到来，并推出了 Alpha 版本，这也可以视为 Notion 的 4.0 阶段，在其官方网站，将 AI 描述成助手，并引用了计算机先驱 Doug Engelbart 的论文《增强人类智力一个概念框架》中的内容：它们可以成为有能力帮助我们解决问题的机器，而不是房间大小的计算器和打字机,如图 10.22 和图 10.23 所示。

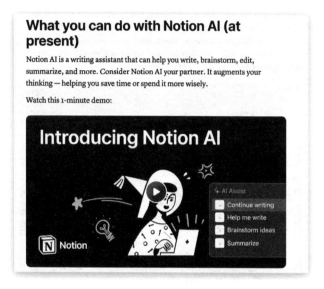

图 10.22　官网关于 Notion AI 的内容

　　如同其他主流的笔记应用一样,Notion 支持主流的系统,这为不同设备尤其是移动设备更新内容提供了便利,尤其是面向不同生态的拓展性增加了 Notion 在专业人群中的普及,包括面向国内的信息流笔记应用浮墨笔记的拓展,如图 10.24 和图 10.25 所示。

　　网络上的笔记用户普遍存在这样的思考,Notion 这样的笔记应用是否会成为去 Office 化的软件工具,但就发展趋势而言,Notion 这样的笔记平台在文笔与内容创作中更加强大,关键是传统 Office 依然非常臃肿,并且适配移动化方面存在先天性的短板。在前面的内容中,笔者着重描述了本地化笔记应用在功能与体验上的发展,就实用性而言,本地化的笔记应用在部分功能上已经走在前面,并实现了更强大的拓展,能够满足更复杂的场景应用。

图 10.23 官网的内容

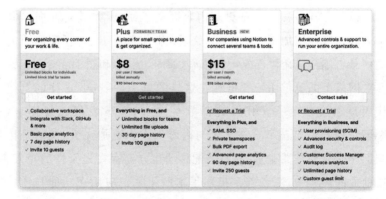

图 10.24 Notion 的免费版本中可以与 Slack 与 GitHub 集成

图 10.25　Notion 可以通过 Flomo API 实现数据同步

以上这些并不妨碍我们对 Notion 这样的笔记应用的展望,随着 AI 角色的出现,笔记应用已经朝着智能化方向发展,其效率必将提高到一个新的阶段。

10.6　Wolai 可视化信息库

Wolai 笔记应用被称为网状系统,在我们所触及的笔记应用中,无论是卡片式、列表式还是信息式,包括双链式等,都在让不同领域、相同领域的知识点形成互联,并能够实现互相跳动,方便人们在阅读和查询时,能够形成知识的关联网络,加强知识之间的联系性,而对于使用者而言,避免过去的知识内容被沉淀,难以形成有效的知识网络。

网状系统是笔记应用的固有特征,这个定义非常准确,只有让要素形成可视化的关联网络,才是笔记应用突破的要点,而人工智能带来的创作效率则是另一部分。在前面的内容中,笔者曾展示过 Wolai 的页面关系图谱，在那种图片中，单击其中的圆形就能够直接跳转到关联页面中，我们将前面的页面关系图谱转换为三维视图，这样所见将更加清晰，如图 10.26 和图 10.27 所示。

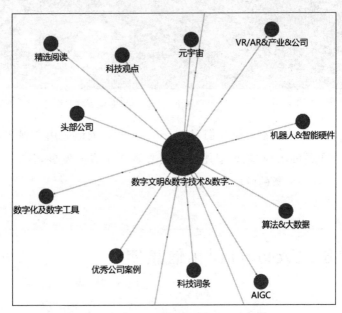

图 10.26　Wolai 的页面关系图谱三维视角

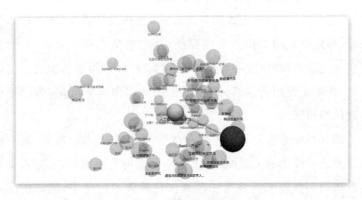

图 10.27　Wolai 页面关系图谱中的跳转

Wolai 这样的功能非常适合搭建个人知识库，当通过 Wolai 搭建的笔记数量越来越多，并且难以再通过记忆实现知识点的整理时，可以直接在页面关系图谱中寻找到对应的知识页面。当然如果想要连接的知识内容更加具体，则还需要双链这种形式来增加知识点的连接，如图 10.28 所示。

图 10.28　Wolai 页面中可以插入关联页面

任何人在 Wolai 中创建的页面都可以生成一个链接，这个链接既可以在 Wolai 的创作页面中作为网签的形式展现，也可以分享给其他人。Wolai 的网签功能会将链接指向的页面形成卡片式预览卡片，这样的形式既节省了页面的空间，也方便内容的创建者在整理知识时形成网状的思考模式，如图 10.29 和图 10.30 所示。

Wolai 对于笔者而言是非常好的知识库搭建工具，为了沉淀不同领域的知识内容，笔者只要看到不错的文章或者其他素材，都会通过 Wolai 创建，在需要时调用。Wolai 这样的网状系统笔记，对于笔者这样的创作者而言属于刚需，并在使用的过程中已经产生了巨大的依赖性，由此我们也有理由相信对于海量的知识世界而言，人类通过笔记应用能够提升对知识的掌握能力。

图 10.29　Wolai 的网签功能

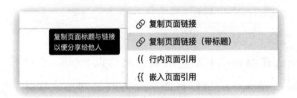

图 10.30　Wolai 的页面链接功能

10.7　Eagle 的文艺范

图片素材算是我们常用的素材形式之一，无论是撰写方案还是撰写文章、笔记等，图片尤其是高清图片素材库，成为我们日常需要储备的要素之一。

　　Eagle 所提供的服务非常简单,可以将我们日常所需要的图片、声频、视频等素材积累下来,在需要时直接调取使用,并在每一件素材后面增加原文链接地址、注释、标签,通过对素材的要素整理,让我们能够非常清晰地将日常积累的素材整理好,并在日后需要时随时地使用。Eagle 在使用上非常简单,只需通过简单的拖曳便可以完成素材的收集工作,对于静态图片,软件会在每张图片下方提炼出图片的色系,方便设计师人群参考使用,如图 10.31所示。

图 10.31　Eagle 对静态图片提炼出来的色系图谱

　　Eagle 对于非专业人群而言也是非常好的创作工具,个人可以通过它按照分类整理图书集,形成自己的个人图书馆。Eagle 简洁的操作界面及拓展性,成为设计师人群中为数不多的定位清晰且能够长久存在的数字工具之一,如图 10.32 所示。

　　新版本的 Eagle 增加了资源社区功能,如同其他数字工具一

图 10.32　Eagle 的扩展功能

样，利用自己特定的用户群体将业务拓展到更深的模块，以此提升对用户的黏性。作为一款小众的数字工具，Eagle 的收费模式与发展也极为克制，使用者很少能看到 Eagle 大幅更新与尝试自己的功能，数字工具的克制，降低了新老用户的学习成本。

　　Eagle 在云服务普遍应用的背景下，依然遵循本地储存的形式，这也带来了 Eagle 的一个短板，作为图床工具，我们存储在 Eagle 中的素材无法通过预览的形式来分享协作。同时，也制约了 Eagle 在移动化方面的发展，所以 Eagle 目前仅支持 macOS 与 Windows 两个系统，而无法在移动操作系统中使用，如图 10.33 所示。

图 10.33　Eagle 仅支持本地存储

10.8　图床工具

Eagle 就是一款图床工具，图床软件属于非常小众的工具应用
之一，只有那些需要整理大量素材的人才会使用图床软件工具，这
也导致这个赛道的应用工具存活率不高。另外，无论是个人还是
企业，云盘替代了图床工具，而被用来作为存储素材的工具。尤其
是短视频的崛起，让视频这种形式的素材呈爆发式增长，原先图片
作为主流的素材形式已经被视频替代，而对于视频，云盘的存储效
率显然要高于图床这种工具。

Eagle 在新的版本中，已经支持视频与声频等格式，算是一种
进步，这也让传统的图床工具升级为素材整理工具，称呼上的不同
也意味着边界的拓展，如图 10.34 所示。

图 10.34　Eagle 也支持声频与视频素材

实际上，图床工具在便捷性上依然要高于云盘，云盘的存储需

要素材先在本地保存之后,再同步到云盘中,即时性非常差,而图床工具不同,只需通过简单的拖曳就可以实现素材的整理与存储,我们以 iPic 这款图床工具为案例,如图 10.35 和图 10.36 所示。

图 10.35　iPic 通过拖曳就可以实现素材的上传

图 10.36　iPic 上传的素材可以随时预览

　　Eagle 作为一款优秀的图床工具也存在一个短板,即上传的素材难以对外分享。另一款深受欢迎的图床工具 iPic 则弥补了这个问题,通过对上传的素材文件进行简单操作,便可以生成一个预览链接,方便别人通过浏览器打开预览,极大地方便了协作。

　　在前面的内容中,笔者曾说数字化体系是工具的集成,也是系统的呈现,从这个视角出发,无论是个人还是企业组织,素材库是个人与组织内部非常重要的创造源泉之一,尤其对于企业而言,素材库可以视为工作所需要的原材料,也可以对外建立企业与渠道、合作商、供应商等联系的重要基础条件之一,例如企业的品牌形象素材,可以通过素材库的建立,让渠道商与供应商自行调取使用,节省了人工对接的时间与成本。

10.9 搭建自己的数字图书馆

图床工具其实可以被用来创建个人的数字图书馆,我们以 Eagle 为工具来展示创建的过程。

打开 Eagle 软件,在左栏中添加新的文件夹,输入名称,完成数字图书馆的创建,如图 10.37 和图 10.38 所示。

图 10.37 创建文件夹

图 10.38 命名文件夹

文件夹创建成功后,只需同时打开 Eagle 软件工具、浏览器及其他应用,根据我们的喜好将图书或者关联素材通过拖曳的方式直接上传到 Eagle 软件中,如图 10.39 和图 10.40 所示。

在上面的图片中,左侧是浏览器,右侧是 Eagle 软件。平时重复同样的步骤,将自己喜爱的图书不断上传,久而久之,我们便拥有了自己的数字图书馆,避免在自己需要时遗忘,如图 10.40 所示。

图 10.39　通过拖曳的方式上传素材

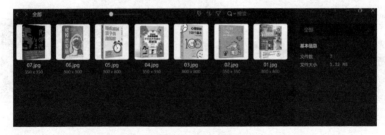

图 10.40　个人数字图书馆

10.10　案例

每款笔记应用都拥有非常强大的功能,能够帮助我们适应更复杂的场景,但对于个人而言,通过笔记应用搭建自己的知识库,可能是需求比较广泛的场景。本节就通过 Wolai 这款应用介绍如何搭建我们的知识库。

选择 Wolai 作为知识库的搭建工具,首先是因为其页面关系图谱与网签两个功能,能让内容之间形成比较紧密的联系,也就是将知识点之间形成网状结构,方便及时查阅及拓展阅读。

Wolai 基本适配主流操作系统,也可以通过 Web 端来完成内容的撰写与编辑,并通过云实现数据的同步,如图 10.41 所示。

图 10.41　Wolai 支持的端口非常齐全

Wolai 提供了大量模板,新用户可以直接在模板中心下载喜欢的模板来作为自己页面的样式。Wolai 还有一个强大的功能,即可创建非常多的子页面,对于搭建知识库而言,这是一个非常强大的功能,也方便将相同或相似的内容进行归类整理,如图 10.42 所示。

主页与若干个子页面之间形成了同一知识体系,并通过子页面与其拓展的子页面再次构建相同或相似的知识层级树。这个结构非常有意思,就像是一棵知识树一样,无数枝干与树叶共同形成树,我们将这个场景复制到 Wolai 这款应用。通过 Wolai 搭建知识

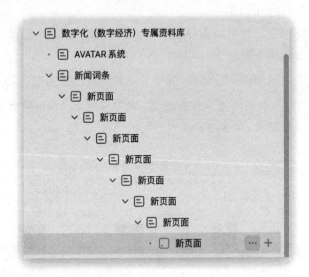

图 10.42　Wolai 可以在主页下面创建若干个子页面

库，实际上就是先通过主干创建知识内容主题，并将对应或关联内容组建成主干旁边的分叉枝干与树叶，最终完成一棵知识树的培育，如图 10.43 所示。

　　知识树搭建完成后，实际上就建设了一座知识库，这个过程并非是短时间内完成的，而是需要通过平时慢慢积累起来。Wolai 可以创建多种形式的内容，为我们储备知识提供了支持，如图 10.44～图 10.46 所示。

　　知识库不仅只适用于个人，对于企业而言同样需要，无论是项目文档还是产品文档，或者运营文档，笔记应用都是非常好的选择。笔记应用某种程度上已经替代传统的 Office 套件，并且在移动化办公的背景下，无论是分享协作还是面对更为复杂的内容形式，笔记应用的灵活性都是传统 Office 套件无法媲美的。

图 10.43　通过 Wolai 创建的知识树

即时性及内容沉淀都是笔记应用相对于传统 Office 套件的优势，这也是对于头部科技公司而言，笔记应用工具用户群体的黏性更高，成为其难以忽略的市场。对于个人与企业用户而言，无论是成本还是运营，包括面对数字化运营场景，笔记应用的重要性要远远大于 Office 套件。

图 10.44 Wolai 的内容创作形式列表　　图 10.45 Wolai 的内容创作形式

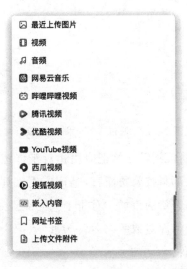

图 10.46 Wolai 可以展示的内容形式

第 11 章

超级个体现象

无论是自媒体还是数字创作者，都是数字时代下赋能个体的场景案例。在线化让人们已经习惯在网络中表达观点或者获取信息内容，这也赋予了具有创造力的个体更大的发展机遇。在规模化的网络中，很多平台的用户体量都达到上亿的规模，这也意味着任何富有创造力的内容，很容易获得十万甚至上百万展示的概率。

数字创造同样如此，相对于自媒体的内容创作，数字创造涉及的群体规模可能无法与自媒体平台的规模相提并论，但是数字创造的优势在于定义得非常精准，瞄向的都是精准的具有刚需的用户群体，变现也相对简单。

无论是通过自媒体平台创造内容还是通过数字工具生态创作付费作品，都给予了个体连接数字网络的机会，并因为优秀的创作结果产生等同于中等规模企业营收的商业环境。

11.1 什么是超级个体

新东方可以说是 2022 年最为经典的商业案例，历经了大环境的冲击，最后通过短视频平台再次崛起，而其中明星主播董宇辉成为全网热搜的明星式主播。当然,我们在此讨论的不是董宇辉或者新东方,触发我们思考的是为什么个体的力量正变得如此。与此对应的是,我们正看到越来越多的个体借助短视频为代表的自媒体平台崛起,产生了很大的影响力,并由此搭建了属于自己的商业组织,其产出效率远远高于传统中等规模的企业组织,如图 11.1 和图 11.2 所示。

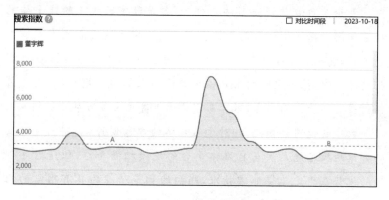

图 11.1　百度指数数据

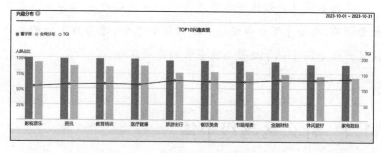

图 11.2　相关的关键词搜索热度

个体能够创造等同于中等规模企业组织才能实现的产值,而且这样的案例并非是个例,在我们身边这样的案例越来越多,所以有必要来定义这样的群体出现而带来的意义,笔者喜欢用超级个体来定义这些案例中的个体。

超级个体现象最早是伴随着自媒体兴起而逐步出现的,最早获得自媒体发展红利的个人IP,通过一系列的商业运作,成功转型为具备成熟商业模式的品牌,这样通过个人力量获取的成功案例,我们称其为超级个体。

超级个体的主体可能是个人,也可能是以个人创造力为起点的商业组织,他们都是通过个人独特的创造力获得发展的原始积累,并在后续通过一系列的商业运作,逐渐成为一定规模的品牌组织,而不论其所在企业组织发展到何等程度,用户熟知的依然是IP,而非品牌本身。

得到App的创始人罗振宇,早期便是从自媒体起步的,打造富有知名度的逻辑思维自媒体品牌。趁早的创始人王潇也是如此,通过自我形象与能力的展示,获取了一定的用户群体的跟随,并搭建了趁早这个品牌。

这样的案例并非是个例,而是已经成为我们所处时代里非常普遍的现象,大量具有商业敏锐度的个体在自媒体与数字化浪潮中,寻找到自己的定位,并通过自身的努力获得了商业上的成功。

当然,对于超级个体的未来发展问题依然是存在的,即如何将自己的影响力转换为自己背后的品牌影响力,成为可持续发展的品牌,而非只是个人影响力。因为我们很难看到十年以上的个人IP,只有形成了系统的运营能力,并构建了成熟的品牌运营能力,才能获得持续发展的能力,所以绝大多数的超级个体在获得了一定的影响力之后,矢志不移地将个人影响力转换为品牌的影响力,并极力提升品牌的知名度,而非强调个人品牌价值。

11.2 超级个体诞生的底层逻辑

协同类数字创作工具几乎将社区作为未来发展的关键,创作者社区已经成为数字创作者进行创作并将成果商业化的必备功能。

Eagle 是一款在设计师圈子非常有名的软件,也是笔者非常喜欢的图床工具,使用者基本是具备专业能力的人群,这样的群体现在正被数字工具平台所重视,成为其创作者生态中的重要参与者。包括在上面内容中提及的森林集案例,这些非常流行的软件或者项目背后的团队并非我们想象中具有规模性,往往都是规模非常小。创造性是这群人身上体现出来的非常明显的特征,富有创造力的个体与群体与成熟的数字网络相结合,诞生了我们所见到的超级个体现象。

自媒体中的短视频创作与直播因为很容易形成巨大的影响力,所以成为最受社会关注的数字创作者群体。当然,作为时代发展的红利,短视频与直播从业者成为最大的受益者,也获得了巨大的商业利益,但是我们依然不能忽略数字创作者所覆盖的全部群体,他们或在细分领域拥有巨大的影响力,并正在逐步成为一家企业组织的创办者,抑或是新兴品牌的创立者。如同当年电商行业崛起时,大量的淘品牌成为新生的商业力量。

超级个体现象是时代赋予个体的另一次机遇,而从技术发展的角度看,能够在未来获得技术发展红利的都是超级个体与超级组织。商业话语权正在朝着头部聚集,这也是技术发展带来的效率变革,让掌握数字工具的个体,能够从技术发展中享受到效率带来的机遇。

无论是移动智能设备的发展，还是数字工具这样的软件应用的发展，都在推动个体掌握前所未有的能力。正如我们在 PC 时代，难以想象今天一部手机也可以实现创作活动，也难以想象因为应用生态的发展，iPad、折叠屏手机、折叠屏计算机等多种形态的硬件设备会成为我们完成创作活动的构成部分，并让我们在真正意义上满足了全场景的创作需求。

我们在关注数字时代里的所有独特案例与场景时均不能忽略硬件与软件两者发展带来的影响。

我们不能忽略智能化带来的影响，智能化技术带来的冲击可能是更大的，它是人类历史上从未出现过的效率工具，必将促进新的变化。

超级个体现象对于目前的个体与中小企业而言，并非毫无关联。笔者认为，对于个体，需要关注数字工具带来的效率变革，很多传统岗位的门槛正在降低，意味着在技术的初级阶段竞争将加剧，甚至变得没有门槛。对于中小企业而言，需要时刻关注企业的运营效率，否则很容易在面对个体的竞争中成为失败者。中小企业未来的竞争者，很可能不再是企业组织，大概率会是超级个体，具备创作能力的个体，他们通过数字工具成为新的竞争者。

11.3　创造超级个体背后的土壤

技术的发展总是伴随着某种程度上的社会试验，无论是短视频还是直播，它们都不是新生事物，它们都曾在更早时出现过，但并没有成为受益者。

同样,无论是网红还是大 V 等现象都伴随着互联网的发展而呈现出不同的形式。需要关注的问题是为什么会出现如此丰富的生态环境。如同自媒体的从业者,有围绕短视频创作的从业者,也有专注直播的从业者,当然也有日复一日耕耘于图文创作的从业者,这些从业者或从商业利益出发,或从自己的擅长领域出发,或从自己的理想出发,都成为生态环境中的贡献者。

单一技术的发展是否已经难以成为促进社会变革的主要力量,这个问题的答案是非常明显的。前文描述的自媒体行业的发展佐证了这个答案。算法技术带来的信息流模式改变了自媒体平台的内容分发模式,这已经不是秘密,现在绝大多数自媒体平台采用了信息流模式,即便是迭代保守的微信公众号也引用了信息流模式。有趣的是,我们深入解析便会发现,如果没有足够丰富的内容生态,导致用户对习以为常的达人主导的内容生态产生厌倦,则算法推荐的内容分发模式也难以成为主流。

微博出现的早期,新浪微博便是通过大量引进明星及与达人合作成为微博这种短内容形式的赢家,打败了一众短内容分发平台,但是也带来新的问题,即大 V 主导了内容的分发,时至今日这个问题尚未得到根本性的解决。微博的内容推荐模式,与其他内容平台依然存在很大的区别。当打开短视频平台时,第一眼看到的视频是根据算法推荐的内容,而非你关注的达人。微博调整的是时间轴,但是优先展示的还是你关注的博主。这个还是与短视频平台存在很大的区别。

再从通信网络技术的角度看,如无高效率通信网络的普及,视频这种流媒体形式带来的流量消耗也是很多用户难以承受的成本。当然移动智能设备的发展,一方面降低了创作的门槛;另一方面对动态化内容的呈现提供了更好的技术方案等。

这些可以说明,多种技术的组合在某个时间点成为生态发展的起点,共同组成了生态发展的基础条件。

同样,在支撑数字创作者的环境中,数字软件的发展也离不开集成化的软件分发模式。非常简单的逻辑,没有商业变现的环境,就没有愿意投入人力与资金成本研发数字软件的个人与企业组织。

所以,任何重大的变革均存在发展的偶然与必然,这也是从不确定性中可以发现的令人感到有意思的地方。

第 12 章

数字时代的变革

移动互联网时代的开启,现在公认的说法是由于智能手机的出现,但笔者认为任何时代的开启,都是组合技术登场后带来的一系列具有时代特点的应用场景落地,造就了时代特定的特色。所以移动互联网时代的开启,还需要包括移动应用生态的发展,尤其是移动操作系统及移动应用的分发模式作为基础支撑。

从这个角度出发,数字时代的到来也必将诞生出一系列符合时代特征的商业模式。数字创作经济就是数字时代里衍生出的商业生态。

数字创作经济离不开软硬件技术的升级,也正是因为软硬件的基础条件满足了创作环境所需要的技术基础,才催生了如今我们看到的非常繁荣的创作者经济生态。

12.1 理解目前发生的背景

在移动互联网时代里,无论是微博、微信这种内容平台的崛起还是应用生态的爆发,都让很多人享受到了时代发展的红利,并催生了如今我们看到的大部分互联网科技公司,并在各个领域继续发挥着影响力。

移动互联网时代所发展出来的应用场景，如今正是我们在数字时代里谈论数字创作经济的基础，而独属于数字时代的技术应用场景正在走向普及。元宇宙这样的虚拟技术方案，也正是数字时代里独有的技术发展趋势。NFT、去中心化网络、数字货币、DAO 等技术落地场景，有的人将这一系列归纳为元宇宙的落地场景，实际上当我们拆解来看时，元宇宙所代表的是现实虚拟化趋势，这恰恰是数字时代发展的结果，所以元宇宙也被解读为数字文明的开启。数字化成为新技术落地的综合场景。场景是笔者在本书中反复提及的名词，场景意味着多种技术组合成的现实落地，也意味着我们如今谈论的若干应用案例及新经济模式，都是在复杂系统下推动的结果。

在数字创作经济模式下，数字软件工具正成为新崛起的行业，效率是技术发展的终极，也是商业趋利下的目标。

相对于元宇宙及其衍生技术场景，需要特别关注的仍是数字经济发展，因为这与大部分人息息相关，无论是个人还是企业组织都将在这轮数字化浪潮中发生巨变。尤其是数字创作经济模式会造就大量新的机会，对于个体与中小企业尤为如此。

这就是需要理解的数字时代背景，也只有理解这些，才能使数字软件工具成为数字时代开启的第一波趋势，并深刻影响数字时代后续的很多产业的发展状态。

数字创作经济伴随着数字软件工具的普，而逐步影响中小企业的渠道体系与运营模式。自媒体平台包括短视频形式的平台，已经成为塑造品牌的新阵地，并通过在线支付和电商等环节打通整个运营环节。这与曾经的淘品牌不同，淘品牌非常依赖单一平台的影响力与连接的能力,例如抖音等短视频平台崛起时,淘宝系的品牌通过淘宝联盟体系实现了对新增流量池的抓取,并获得了短视频发展的红利,但自媒体崛起的新品牌,却非是单一平台能够决定的,从公域流量池到私域流量池,新崛起的品牌能够搭建足够完整的运营系统,其发展的基础也更加稳固。

从自媒体到数字创作经济,赋予个体与中小企业的机遇非常多。为什么需要重点强调中小企业,因为在企业所需的资源规模上,在自媒体与数字创作经济的生态中,即便是辐射垂直领域的数字软件生态,也有足够的流量支持一家中等规模及以下的企业组织实现从 0 到 1 的发展。同样,对于中等规模及以上的企业而言,对规模的需求是非常高的,所以我们能看到大型企业对于数字网络生态的规模需求是非常渴望的,所以从这个角度看,中等规模及以上的企业组织,其发展往往是选择的问题,也就是我们常说的方向,当然这并非说方向对于中小企业不重要,而是中小企业仅仅通过方向的捕捉而实现重大的突破,这个逻辑也非常简单,任何形式的趋势,越是在早期越存在巨大的不确定性,风险也是伴随着的。

个体就存在很大的灵活性,既可以在初期通过对机会的把握而获得红利,也可以在中后期通过对趋势的掌握,而抓住职业发展的机会等,从根本上看,个体的试错成本要远远低于任何形式的企业组织。

以上就是需要理解的数字时代里的变化。无论是数字创作经济还是数字软件工具的发展,都必然对个体的职业与中小企业的发展产生难以逆转的影响。只有理解其中发展的趋势,才能获取新的发展机遇。

这些新变化也对正在寻求就业的大学生群体产生了重大影

响,经济活动从务虚转向务实,其代表性的现象就是具备专业技术能力的群体正充分享受技术或者技能带来的红利,任何创造都离不开技能或技术的沉淀,这些对即将步入社会的大学生群体而言,应当受到足够多的重视与关注。

12.2　智能化趋势

在数字时代里,在我们谈论最多的技术名词中 AI 算得上一个。关注智能化趋势并非只是名词本身,而是智能化带来的有趣的应用。今日的智能化工具也普及得多,远非当年我们与 iPhone 手机的 Siri 对话那么简单。

智能化工具已经被广泛应用在翻译、社交、写作等领域,可以说智能化技术是目前被我们正在广泛使用的技术之一,即便如此,智能化技术的发展趋势依然得到了科技领域最多的眼光,作为效率工具之一,它是人类目前已知的最具效率的工具,也是我们谈及完全自动化场景最接近的技术之一。这些因素足够引起我们对智能化趋势的关注,也值得我们关注,甚至可以说智能化是人类技术发展历史上最充满不确定性的技术之一,人类对奇点的出现保持了前所未有的关注,也对其到来可能引发的变数充满疑虑,因此就技术是否存在立场,也成为技术伦理学的研究课题之一。

近期,AI 绘画技术成为新的热点,人们通过输入几个关键词便可快速生成一幅画,这个技术从发展的视角看,它很容易成为颠覆设计师领域的应用技术之一。我们在前面的内容中曾多次提及过数字软件工具可画这一正被设计师关注的应用平台,之所以关注就是因为此类平台大大降低了我们曾认为需要较高门槛才能进入的职业技术领域。

同样地,AI 技术在文字创作领域的普及也超越了我们的想象。通过事件发展线的输入,就可以生成一篇只需简单整理的小说,并且目前很多 AI 创作平台的集成化水平非常高,包括自动添加图片和翻译等。

智能化技术已经不是距离我们很遥远的技术,很多具备敏锐嗅觉的群体已经通过智能化技术辅助自己完成很多任务。这就是为什么需要理解技术发展趋势,尤其是正在被普及的技术应用,它们正在逐步改造我们的生活与工作方式。

今年在爱奇艺热播的连续剧《开心合伙人》中,主人公在创业大赛中曾研发了一款根据人的记忆内容自动生成旅行方案的软件应用,剧中最大的亮点则是智能根据对象的记忆素材,自动生成了虚拟化的形象,并成为其旅行的伴侣。这样的场景,是否真的只能存在于剧情中?事实上,我们将这个场景所应用的技术逐一解析便会发现,每项技术已经在现实中实现,根据个人喜好生成旅行指南的大数据分析技术,根据记忆素材生成虚拟形象的超现实数字人技术,而在现实中,超现实数字人已经具备走到现实中来的技术,而这个要比剧中的想象还要先进与更接近实用性。

在线化进程让大部分人口已经实现在线化,这个基础催生了深度学习技术,并通过人与智能对话训练,智能正在变得比人更加了解自己。内容分发的算法推荐技术是很好的案例,当通过用户对不同内容进行选择时,算法就可以绘制出用户的内容喜好,并在首页推荐模块对用户展开喜好推荐。同时,每次你对内容的选择,辅助智能对你都进行了重新了解。

个人与企业正在通过数字化工具与平台,进入完全的数字网络中,我们的生活与工作几乎依赖数字网络,如社交、学习、创作、娱乐等,智能化技术的普及必然是效率的巨大变革。当一切可以更快时,我们的工作方式与竞争力也将在新的环境中面临新的调整,这或许就是智能化技术值得我们关注的原因。

数字员工技术与场景已经成为完全商业化的业务,可以在网络中获取很多选择,数字员工为什么能够获取企业的青睐,根本就在于效率问题。全天候运营场景一直是企业梦寐以求的场景,而这个正逐步成为现实。

最近火热的 ChatGPT,再次引发人们对 AI 技术的关注热潮。大量的群体涌入 ChatGPT 与其对话,并将对话的内容分享到社交与媒体平台。这其中最令笔者感兴趣的是一位妈妈分享的案例,她通过 ChatGPT 完成了一篇作文的撰写,如图 12.1 和图 12.2 所示。

图 12.1　ChatGPT 官网

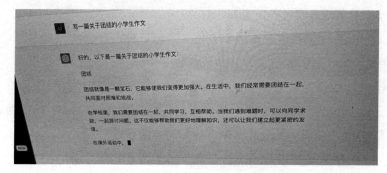

图 12.2　ChatGPT 生成的作文内容

　　ChatGPT 的火热让很多人对自己的职业充满担忧，体验过 ChatGPT 的人能够感受到，对于一些格式化的职业内容显而易见是可以替代的，但更令人感到担忧的是，伴随着 AI 技术逐渐走向成熟，可预见的是其必将被广泛地应用于数字工具中，成为提升运营效率的工具，而由此带来的影响，我们现在还难以预料，如图 12.3 所示。

图 12.3　亿图这样的数字工具对 AI 功能有天然的需求

12.3　更自主的选择

"斜杠青年"这种称呼在某种程度上代表着个人选择的新趋势,个人在主业之外选择另一个副业几乎成为很多人的选择。这一方面是抵御不确定性的一种方案;另一方面则是环境所致,当大部分人可以选择一种新的职业生态实现个人价值的体现时,往往代表着个体创造的环境正在变得友好。主业是为了生活,副业是为了爱好,往往能够发挥自己的创造优势,这也算是一种理想状态。

数字时代新衍生出了一个新的身份,即数字游民,只需一部设备与网线,便可以自主选择工作的场所,早期数字游民几乎是程序员群体的专属,他们的职业天然带有一定的自主性,但是随着数字创作经济这种形式的出现,大量自由职业的涌现,依托数字网络进行创作并实现变现已经不是一种畅想,而是已经具备实现的基础。

数字游民的办公场所可以自主选择生活成本性价比更高的城市,将精力放在创造上。网络上不断冲上热点的城市东北鹤岗,就吸引了很多自由职业群体,而这也代表着一种趋势,包括自主式的生活方式的选择。

传统的商业环境,一二线城市天然具备优势,高昂的生活成本的背后也往往代表着更好的资源与人脉,包括更好的流量。在数字时代,在数字网络中,人们的成果不再依赖城市的规模而变现,而是依赖数字网络实现变现,这就意味着人们可以根据自己的需求自主选择自己想要的生活,诗和远方在此时实现了契合。

很多城市看到了这样的趋势,通过打造更好的基础设施吸引这样的群体入驻。在短视频时代里很多达人选择的城市已经不再是一线城市,很多二三线城市成为热点选择。数字时代的产业特点对原本失去了产业机会的城市重新获得了发展的机遇。当然,我们也应该看到很多城市通过打造特色小镇来吸引自由职业群体的入驻,往往适得其反,其根本在于对成本的忽视。如果数字游民群体选择的城市依然充满很多隐形成本,则对二三线城市的选择就变得不再是最佳的选择。

高性能网络与设备的普及让异地办公或者全场景式办公模式成为现实,赋予了很多职业化的群体更多自主选择的机会。

12.4 底层生态的统一与兼容

很多智能设备品牌商将协同场景带入自己的产品体系规划中。国内的 OPPO 与 VIVO 在产品线发展上非常克制,但是依然逐步发展出了新的产品线。多端口和跨设备之间的系统,不仅代表着实用性,也代表着新的效率模式,所以跨设备协同成为智能硬件设备品牌商必需的选择之一,如图 12.4 和图 12.5 所示。

半导体厂商提供了高性能芯片,智能设备厂商提供了组合产品,这样的分工体系一直是世界经济运行的主要模式。但是这些年,我们发现作为消费端的智能硬件品牌商也纷纷加入了芯片研发这条道路中。芯片产业的投入一直是高昂的,但是只有基于底层的打通,才能最大化地实现多个设备之间的互通。

图 12.4　VIVO 推出的量子套件

图 12.5　量子套件打通了手机和 PC

除了硬件的底层，还有软件的层面。移动操作系统曾出现很多阵营，无论是塞拜系统还是黑莓的 Blackberry 等，都在产业发展中退出了历史的舞台。今天的移动智能设备领域，安卓在市场的绝对优势形成之前，并非是体验度最好的选择方案，但是一旦与之相关的生态优势形成之后，其他方案再难有崛起的机会。微软的Windows Mobile 系统则是典型的案例之一，即便与曾经的手机领头羊诺基亚合并也没有改变发展的趋势。

越是普及度高的领域,底层生态的统一趋势越明显,智能手机市场也如此,但是在新的赛道依然能看到百花齐放的局面,三星的Tizen 系统曾在智能手机领域短暂出现过,它是英特尔 MeeGo 与三星 LiMo 系统的结合体,但并没有获得认可,继而转到智能电视与汽车等赛道,成为小众化的底层系统选择之一。

在国内的头部科技公司中,华为公司布局了两套系统,分别是鸿蒙系统与欧拉系统,分别对应智能终端设备与数字基础设备。与欧拉系统相比,鸿蒙系统所兼容的场景更为丰富,从手机、计算机、平板电脑到智能汽车等,鸿蒙系统所呈现出的场景才是真正意义上的万物互联,实现跨设备的互联互通。单就从落地场景上来看,华为公司的鸿蒙系统已经成为真正意义上的互联互通的数字生态基础,这也是一张网背后的基础支撑。

移动智能手机时代,阿里巴巴公司的 YunOS(现改名为AliOS)依托国内的智能手机市场规模,差一点就成为比肩安卓系统的操作系统方案,失去智能手机赛道的 YunOS 并没有消失,而是成为 AliOS 的一部分,成为面向汽车、IoT 终端、工业等领域的底层系统,如图 12.6 所示。

图 12.6　AliOS

由此可见,得益于国内较好的软硬件基础与巨大的市场规模,头部科技公司的规划更具备宏大的视野,都渴望实现底层生态的统一。

从移动互联网时代到数字时代,新的场景变革重新赋予了这些头部科技公司新的机遇,物联网、工业互联网尤其是智能手机之后的另一超大市场规模的智能汽车领域。智能汽车被誉为第四终端,并且处于发展的初期,拥有足够的时间与机会重新诞生新的具备超大影响力的操作系统,几乎媲美智能手机市场的影响力。这就是为什么主流的头部科技公司都将智能汽车领域视为必争的赛道,纷纷下场竞争。

将软硬件底层彻底打通的当属苹果公司,国内的头部科技公司受限于一些特殊的原因,在芯片领域发展上受到限制,最可惜的当属华为公司。苹果公司目前属于唯一彻底走向芯片与操作系统自研两者合二为一的科技公司。从苹果公司目前发布的产品中,我们也充分体验到了软硬件底层统一后带来的性能提升,简直可以用"恐怖"来形容。

因此,底层的统一,尤其是软硬件底层的统一带来的效应是非常明显的,这也就意味着统一是所有科技公司矢志追求的终极目标之一。而随着虚拟化的场景来临,芯片的价值正在呈现出新的影响力,头部科技公司已经介入这一领域,成为新的竞争者。

12.5　代码是通用语言

学习编程的人都知道,无论学习什么编程语言,打开其 IDE 工具,写入的第一段代码基本是显示 Hello World,这段是很有趣的内容,也在某种程度上预示着代码成为改变世界的新力量。今天,我们的生活与工作已经离不开互联网,更离不开各种软件应用工具,这些已经成为主导我们生活与工作的技术落地方案。

程序语言已经成为距离我们最近的语言,与我们日常说的语言一样,成为新的沟通方式。这并非危言耸听,可以试想离开代码的日子,也可以试想掌握一门编程语言,在今天可以帮助我们实现的目标等,结果是显而易见的,我们已经离不开编程语言,而且会更加依赖编程语言带来的技术变革与产品。

程序语言对于企业的影响,更是走到了我们的视野中。技术管理已经成为企业所有者口中的新管理体系的一部分。数字时代,如果偏离了对技术的理解,则根本无法享受到数字时代发展的红利。

前文提到的低代码与无代码平台,虽然在技术上已经实现了较少或者无代码的形式,只需通过可视化 IDE 工具就可以实现软件的设计与研发,但在更复杂的软件系统面前,只有懂前端程序语言,才能实现功能更复杂的软件工具,如图 12.7 所示。

图 12.7　低代码平台

云计算服务商在提供给企业级的产品与服务中，很多以前需要编程能力才能开发的产品，现在都可以通过模板化业务获取，门槛大大降低。从这个角度看，技术的发展确实极大地降低了技术门槛，也在降低门槛的同时，为市场提供了足够丰富的服务与产品形式与样式。

12.6　技术主导的社会变革

技术或者说技术要素已成为真正主导个人与企业组织发展的要素之一。任何企业都需要一名 CTO，这种观点并非是新潮的思考，而是技术要素在企业发展所需的要素占比中越来越高，任何企业都需要在核心层寻找一名懂技术要素的成员来主动或者为企业的发展寻找到适配的技术解决方案。

我们目前正在谈论的中小企业的数字化场景，本质上也是一场关于技术要素的选择，即什么样的技术方案更适配企业的发展。

互联网的发展经历了从 Web 1.0 到 Web 2.0，再到今天的 Web 3.0，事实上在 Web 2.0 阶段，已经实现了大部分人的在线化，完成了集成化所需要的数据资源，并逐步实现了较大规模的技术应用在各个场景中的探索与尝试，这些都是如今我们谈论数字化的基础条件。

现实很拥挤，网络很空旷，这句话或是技术存在价值的很好概括。这里的拥挤并非是因物理空间狭小而造成堵塞，而是随着群体认知水平的提升，现实社会作为容器，已经难以承载每个个体的价值观与对理想化的追求。

网络技术作为人类对理想化追求的一种技术,通过自身不断地迭代,逐步成为人类可以选择的方案之一,尤其是比特币的诞生带来的去中心化技术框架,为这种思考带来了更多可能。中心化理论与去中心化理论尚在博弈中,但是使我们欣喜的在于唯有在网络空间中,人类通过技术作为改造社会的工具,在进行多样化的尝试与探索,而这些往往是现实中所不具备的。现实弥足珍贵,任何的变革都可能造成巨大的影响,这或许就是网络世界的优势。

12.7 数字世界:一场虚拟化的现实

今天你能离开网络而生活吗?或者说今天的企业在离开网络后还能继续正常经营吗?这样的问题枯燥且没有任何新意。有趣的是在不同阶段回答这些问题,都能让我们感受到我们所处的时代发生的巨大变化。

2019年以前,我们的生活与工作已经被网络包围,但是仍未到完全离不开网络的阶段,对于大部分企业也是如此,但是将时钟拨到2023年,则是完全不一样的场景。无论是习惯还是需要,我们都难以离开网络。我们在网络中的时间已经在实际上超越了现实中的世界,但最终是否会走到我们难以脱离网络而存在。这样的场景已经是可以想象的了。

无论是个体还是企业组织,正越来越依赖数字网络中的协作体系,这已经是共识。

第 13 章

我们所面对的未来

如果我们留心点,则会发现,越来越缺乏面向未来的想象力,甚至是无力的,这种无力感体现在前沿的技术趋势总是快于我们的想象,而在现实中总是远远慢于我们的期待。这或许就是想象的体验与现实体验带来的不同反馈。

如今,我们正在谈论 3 个技术场景,即数字化转型、元宇宙和 Web 3.0,它们分别对应的是产业发展的趋势、社会变革的方案和技术面向现实的解决方案。这 3 个看似毫无关系的技术场景,实际上都指向了未来。

13.1 多种技术场景交融的时代

我们或许可以用慢来形容目前我们所接触到的网络形态,不再像移动时代那样,一个又一个新颖的商业模式轰轰烈烈地被推出后,就能引发全网的关注与讨论。巨浪式的推动力改变了一个又一个行业,以我们熟悉的在线化模式走到我们的生活中来。

当然,面向消费端与企业端的场景是完全不一样的,但也向我们带来了新的理解与认知体系,即面向企业级的变革往往是从线下传导到线上的。这个逻辑非常简单,任何企业如果没有经历过线下的"阵痛",就很难理解线上的意义,也很难对数字化这个场景产生任何形式上的兴趣,并难以提及数字化浪潮的到来。

另外,在消费互联网阶段,从消费者的视角看,变革的场景或者行业往往是独立的,从这个行业走到另外一个行业,只要能形成规模化效应的行业都成为互联网推进的领域,无一例外,但从技术的角度看,先是基础场景的实现,才有了推动行业变革的基础。如无智能手机的大规模普及和应用分发模式的革新,任何行业的应用都难以获得较大规模的传播。移动智能设备的出现,相对于传统 Web 端形式的呈现所需要的设备终端更易普及,或者说提升了普及的效率,这才是最大的影响。

史蒂文·霍夫曼在其著作《原动力:改变未来世界的 5 大核心力量》中这样描述:"想象一下,你现在已经可以在一个极其逼真的场景,在如此丰富和吸引人的世界里实现你最狂野的幻想。这将是一种全新的海量连接的方式,人们将为此投入大量的时间、金钱及精力来创造他们自己的虚拟身份。他们在这些虚拟的世界里发展起来的关系和进行的互动,将会变得和他们在真实生活中的任何事情同样有意义和重要,甚至可能会更加重要。"

层出不穷的新技术及带来的应用场景,我们应当将其归纳为在线化形成海量的在线人口,人们在数字网络中的高频行为推动了技术的发展,尤其是催生了新技术的应用。现实虚拟化的趋势正一步步走向我们。无论是个体还是企业,都难以忽略网络而思考发展。

13.2　模块化的社会

模块化企业组织形式也正被复制到现实社会中,当然我们距离完全模块化的社会形态还存在巨大的距离,但从技术发展趋势,以及我们对数字网络智能化后的路径分析来看,一旦虚拟替代现实成为主要活动的空间,个人的生活场景与产业动态都将模型化,模块的背后则代表着无论是个体还是企业组织将从数字网络中寻找到具有竞争力的存在才能获得发展的机遇。这个,我们或可从数字化这个大背景下并在产业公司的形式变化中发现一些端倪,综合性的创业主体正在转向围绕具体或擅长细分领域的专业公司,这样的公司正成为主流。

我们在谈论模块组织时曾说到,模块化企业组织的形式是将不同业务形态归纳到不同的数字工具中,再完成最后的拼装与集成,形成一个高效率的数字系统来替代传统组织的运行模式。模块化社会也必然遵循这样的逻辑,与模块化组织存在的不同点在于,模块化社会是通过网络模块来划分的。不同的网络模块构建了功能完整的形态,再与不同模块的网络形成连接,最终形成统一的数字网络。

只有将整体网络模块化,我们才能清晰地解析数字网络下的连接、结构等状态与形态。割裂仍是目前数字网络的形态,例如当谈及物联网时,触及的是一家家头部科技公司组成的模块化网络,它兼容了各自的生态环境,遵循着不同的技术标准与规划。

历史中总有面向未来的预见,而在未来中总有历史的巧合。智能终端设备的发展,可以很好地验证这样的路径。智能手机在早期,被若干个不同的操作系统分割成若干个品牌阵营,最终在市场力量的推动下走向统一,但随着新一代高速通行网络的落地,终端尤其是家居、汽车、PC等设备走向智能化,各个品牌商之间不约而同地介入芯片、系统的技术研发中,并组建各自的生态场景,让自家的智能终端走向连接与协作,非常巧合地构建起模块化网络。

技术的发展遵循着必然性的路径,但我们仍需要知道在人类技术的发展过程中,必然存在着偶然性的事件推动着事件朝着另一个方向发展。如同互联网科技公司为了追求技术生态的独立性,不得不介入芯片的设计与研发中,这样的路径对于头部科技公司而言,当分工协作不能有效地体现出自己的竞争优势时,独立构建自己的竞争能力将是决定其是否能够很好地生存下去的选择。

13.3　现实严肃,虚拟娱乐

现实能够容纳下每个人的生活方式,这已经成为人们面对虚拟化空间不得不面对的问题。现实中的秩序,意味着每个人的行为存在着非常严格的边界,现实的脆弱性决定了秩序存在的意义与价值。理论上,虚拟空间是无边界的,决定了它能够容纳足够多的生活方式,包括价值观。

随着网络环境越来越稳定,创作技术的成熟,虚拟空间中足够让每个人在其创建自己的空间,实现自己的想象,并不断地在虚拟中复制现实中的一切。

　　虚拟可复制与重构,当让虚拟成为面向现实问题时,可以作为实验场所来回答现实中的问题。

　　数字时代,人们对虚拟的依赖将远远大于现实。无论是 Web 互联网还是移动互联网,我们大部分时间的创作与娱乐仍居于现实。而步入数字时代,基于数字网络,通过无处不在的网络环境与丰富的数字工具,已经可以将一部分创作与娱乐搬进虚拟空间中。现在任何一家企业都无法忽略虚拟空间的存在价值,无论是企业的对外业务还是内部管理,都在追求效率的道路上,不由自主地走进虚拟空间。

　　在虚拟化趋势中,我们提及的数字化转型,对于企业而言需要思考的是如何在互联互通的数字网络中,如何借助成熟的数字工具提升企业的运营效率,快速实现业务的扩展。相应地,在数字时代里,还需要关注因数字化带来的新竞争角色与业务,这些都可能在无形中对企业发展产生巨大的影响。

　　经济虚拟化,我们不应对此产生任何恐惧与排斥的情绪,在现实与虚拟融合的过程中,或者说当虚拟经济成为整个数字经济的一部分时,两者必然会成为互相补充的关系。我们现在的创造、创作离不开数字工具,也离不开数字网络渠道。当趋势来临时,我们都应该积极面对,而非抗拒,不应成为趋势下的落伍者。

　　当因为数字网络的扩展及不同主体之间逐步在数字网络空间融合时,创造能力决定了其在数字网络空间中的影响力与话语权,这些又催生了一个新的名词:数字权利。当我们在虚拟空间享受充分竞争时,现实可能充满矛盾甚至冲突。在数字经济发展的过程中,现实必然会越来越出现新的冲突与矛盾,而虚拟可能成为新的容器,并推动技术变革与发展。

13.4　技术成为新的容器

技术正成为出现频率最高的词语。可以在很多事情上看到这样的现象,在新增的新职业中,技术门槛越来越高。在我们储备的知识中,技术性也成为出现频率非常高的词语。

我们如何理解这些现象,本质上在于在数字时代里,在数字网络的包裹下,我们都难以独立面对现实中的问题。职场上的分界线可能更加清晰,技术性岗位与非技术性岗位导致薪酬的差距不是一点点。

企业组织同样面对这个问题,笔者曾说过在数字时代里,任何一家企业都需要一位数字官,一位能够理解搭建数字组织所需要的技术,也需要理解相关技术发展的趋势与应用场景,不然很容易浪费不菲的费用,并可能将数字化方向理解错,造成方向性错误,失去发展的机遇。

当飞书、钉钉、企业微信成为现在企业组织运行的必备品时,无论是人事岗位还是财务岗位都需要通过这样的数字平台来完成相关的工作。那么,在这样的数字平台中搭配什么样的数字工具就成为非常重要的事情了,这决定了企业经营的成本及效率,因为系统一旦建设成功,随着时间的推移,数据的累积是海量的,再做任何调整带来的不仅只是时间成本,还有具体的资金成本,更关键的是在其中浪费了时间。

数字时代也代表着技术型社会的到来,个体无论选择自主创业还是选择工作,都会发现,技术要素或者技术能力成为其择业或者创业的必然条件,不然就难以实现对企业或者岗位的掌控。

技术正在成为新的容器。

13.5 不可逆转的职业化

在自媒体兴起的阶段里,我们一度认为内容创作是一种兴趣爱好,但是随着企业的产品变现的需求与竞争热度的增加,我们发现唯独走向职业化才能面对这些变化带来的挑战。

我们以企业运营自媒体平台为场景,详细阐述这个过程。对于企业而言,运营任何自媒体平台除了获取关注度之外,还需要考虑变现。从关注度到变现,落实到具体运营中,就需要掌握如下能力。

(1)策划能力:根据企业业务选择对应的平台,并根据产品策划不同的内容题材、内容形式及展现形式。

(2)内容创作能力:根据策划内容制作内容,通过不同的数字工具完成优质内容的制作。在这个过程中,还需要不断地对工具进行整合,以便提升内容创造速度与质量,以及更好的呈现形式,这个过程是非常重要的。在自媒体时代,尤其是在短视频时代里,内容已经可以作为任何企业中最重要的产品,等同于产品矩阵中的核心产品。

(3)运营能力:根据选择的内容平台,以及时发布制作好的内容作品。在这个阶段里,还需要同时考虑是否需要及时将用户引流到企业主导的私域平台中，还需要及时跟踪平台的规则与活动内容，跟踪内容的发布，并根据变化及时调整发布策略与步骤。

（4）变现能力：围绕不同的群体及平台规则，搭建属于自己的变现平台。例如在抖音短视频平台开通抖店，并上架商品，这时也需要运营能力。例如能够和其他 IP 建立合作关系，推动他们销售抖店里的商品。如果用户已经被引流到私域流量中，则需要基于企业的公众号或者其他平台搭建业务变现的数字平台。

（5）复盘能力：任何一项工作在完成闭环运营之后，应根据整体情况复盘，再调整新的方案，实现更好的结果。

以上的每项，在流量红利时代可能是容易被忽略的，因为在流量的增量阶段，只要是内容，都可能获得流量，但是一旦平台进入存量阶段，都需要非常精细的运营，以便提升竞争力，获得更好的结果。

当你站在这个视角看待自媒体运营工作时，可能在脑海中会不由自主地思考起这是一项非常职业化的工作。事实上也确实如此，在通道越宽广的赛道中，在竞争度越高的领域中，所需要的职业化程度也越高。

封闭式的职场与因数字化带来的开放式职场之间存在的不同在于，当数字网络成为所有企业的外部环境时，你的工作场景已经离不开数字网络而独立存在。当对于同样的设计任务，别人通过数字工具可画可以在几分钟内完成时，你通过 Adobe 软件需要半小时才能完成，你们之间的职业价值体现也是显而易见的，但并非说他的职业能力高于你，而是当你们都面对同一环境时，他的选择更佳而已，那么这些能够被称作职业吗？显然，在数字时代里，技术方案的选择，尤其是高适配的选择能力就是一项重要的职业能力，它能够直接决定产出效率，任何决定产出效率的事情都能够通过职业化程度来衡量。

13.6　思考在数字世界里

13.5 节所体现的主题还有一层,即现在你的职业选择或者对于企业主而言,对企业发展规划或者具体业务的推进,都难以忽略作为背景的数字网络。

由此,笔者非常提倡,无论是个体还是企业主,在数字时代里,都需要基于数字网络去思考跟职业、商业有关主题与内容,你不能将最大的环境底色忽略掉而去谈论基于这个环境底色的任何事情。

对于即将毕业的大学生而言,你面对即将融入社会,必然需要关注正在发生的事情,只有这样,你才能从趋势中发现属于自己的发展机会。

对于已经走进职场的人群而言,你也需要关注正在发生的技术变革,是否存在对你正从事的职业会产生巨大冲击的因素,如果存在,则需要及时跟踪,并积极融入其中,通过已经积累的经验成为获利者,并利用好由此带来的发展机遇。

对于企业主而言,当一个名词被广泛提及并正在成为影响产业的重大事件时,那就非常值得你去关注,否则很容易成为趋势中的落后者。

在数字世界里思考要成为我们所有人的习惯,并从中发现属于自己的时代机遇。当然保持对新事物的好奇与关注,本身就应该成为我们的基本能力。

后记

市场化主体往往对环境更为敏感,2020 年 11 月马化腾刚提出全真互联网概念之后不久,2021 年元宇宙横空出世并成为年度热词,更早时候美团公司的王兴提出了下半场。在互联网发展的过程中,新颖的名词并不少,一度让人见怪不怪,但是无论是王兴提出的下半场还是马化腾提出的全真互联网都引发了全网的热议,根本原因在于随之而来的趋势佐证了这些具有先见之明的思考。

1. 数字化浪潮

2020 年已经成为人们难以忘怀的一年,也可能成为历史长河中重要的分界线,成为很多事件的起端。对于互联网科技行业而言也是如此,更准确的一点应该是在 2020 年发力的数字化浪潮几乎挟裹了所有行业,深刻影响了大部分个人与企业组织,成为近五年里产业界最重要的变革。

互联网普及以来,我们历经过多次理念、模式的变革,但这些都没有触及企业的根本。例如过去我们谈及了很多年的在线化与互联网+,站在 2020 年这个节点,依然发现很多企业没有实现在线化。深层次的原因就是无论是在线化还是互联网+没有影响到企业的根本,线上运营反而需要企业投入更大的时间与资金成本,甚至需要变革内在的运营模式与组织架构,对于很多企业而言这是一件极其困难的事情。

但是到了数字化时代，为什么一切加速了呢？根本原因在于用户时间与场景发生了巨大变化，背后对应的则是短视频崛起与疫情的发生，短视频占据了用户大部分时间，而疫情让传统线下场景不再稳定，这两个因素决定了企业的生死，推动企业在线化，又因成本等问题，以及对效率的追求，促使企业快速推动数字化。

2019 年，笔者在为客户企业设计数字平台时，SaaS 这样的技术名词在传统中小企业中普及度还非常低，甚至难以理解，更别说为了推进数字化平台运营时所需要的理念变革。理念的改变，对于很多从事企业数字化业务的人员而言应该深有感触。

仅仅是一年的时间，大量的企业已经主动寻找数字化平台来推进企业业务数字化，甚至主动学习什么是协同办公、在线化办公和数字化运营等一切略带拗口的技术名词。这就是非常典型的趋势推动企业变革的案例。

所以，我们回头看：在数字化这股浪潮里，我们几乎看到了所有力量的身影，国家的东数西算工程，一张网工程；产业与研究机构的报告；媒体的舆论；头部公司的数字基础设施的投入；中小企业的学习热情；个人对职业化的追求。2021 年，人社部、工信部发布了数字化管理师国家职业技术技能标准等，这一切，我们只能用浪潮来形容。

2．数字化时代

目前，大量新的技术名词被创造出来：元宇宙、Web 3.0、DAO、NFT、数字化、数字人和通证经济等，笔者仍愿意用数字时代来概括我们目前所处的时代背景，基于数字化的一切才是以上名词的基础。

现实虚拟化，这是普遍被认可的趋势。问题在于没有数字化，就难以构建虚拟空间的一切，毕竟萌芽形态的虚拟空间，其创造来源依然是现实中的人。人工智能是否能够最终实现替代人，这个问题目前尚未有定论，但在肉眼可见的时间里或许只是人类生产力工具的一种选项。

数字化时代或数字时代，才能代表如此之多的技术要素汇总的目前。

3. 数字工具的崛起

很长的时间里，我们使用的大量专业软件，几乎是国外品牌主导一切。国产软件是从 Web 端开始的，从协同软件到 OA、文档编辑、视频剪辑、思维导图再到 UI、UX、模型等逐步深入到专业领域。

一切上云是数字软件的基本特点。数字软件的本土化，也为中小企业提供了更加便利的数字化路径。实际上，我们在今天谈论中小企业的数字化方案时，本质上是建立在数字软件的本土化进程上的。如果没有数字软件的本土化，我们就依然难以构建数字化运营体系。

数字软件本土化，其实也为个人提供了新的发展机会。从本土化环境中诞生出的软件品牌，其更加轻盈，也更适用于我们在工作时将各个场景打通。

同时，数字软件的本土化进程意味着很多软件技能需要重新学习，对于个人而言，新的职业机会也孕育其中。这个技能经验不是单一软件操作那么简单，而是涉及软件与软件的协作和协同，以及如何通过数字软件获取更全面的信息来帮助自己快速完成工作。

4. 数字时代下的个体

专注还是博采众长，一直是很多人职业上的困惑，不可否认的事实是现在绝大多数的职业如果想要获得成就，则必然需要掌握更多的知识，既需要深度也需要广度。

更值得关注的是目前的环境对个体的要求越来越高了，任何个体很难像过去一样获得较长的成长期，能够拥有足够多的时间去学习和成长。与此同时，超级个体替代了创业企业或者品牌成为社会关注的热点，超级个体成为数字时代最常见的现象之一。

超级个体现象的出现不是偶然的，而是数字时代发展的必然。

（1）互联网的普及促使了人们习惯在线化生活：工作、娱乐和创作等，青年群体的时间已经在线化，意味着任何一个领域稍微出色，就可以拥有规模不小的拥趸。

（2）互联网几乎已经覆盖了生活的方方面面，任何个体有能力借助数字工具通过数字平台连接较大数，而不需要像传统企业那样投入不菲的费用用于宣发。

（3）数字工具的崛起极大地提升了产出效率，使个人链接规模化客户成为客户，即便是过去小众的专业软件，因为愿意付费的规模增加，导致能够获得一定数量的忠实用户，形成规模不小的社区。

（4）互联网的集成效应造成了层次界限分明，创业型企业逐渐消失，而个体替代创业型企业成为新的趋势。

超级个体的出现是环境与技术发展到一定程度的必然结果，不仅在国内，所有数字化程度较高的国家与地区均是如此，所以这个不是个例，而是普遍现象，而且这个趋势还会加强。

由此也对传统职业和个人生活方式产生了巨大的影响：

（1）专业能力较强的个人，很容易获得变现的渠道与路径。

（2）在工作岗位中，技术含量逐渐增加，尤其是拥有综合能力的人更容易从人群中脱颖而出，相对于过往，环境对个人的要求更高了。

（3）岗位流动性增加了，导致专业人才变得稀缺。

另外一个现象也需要特别注意：个人创作的成本也增加了，不仅是时间成本，大量易用的数字软件逐渐走向付费，意味着个人如果想要借助数字工具背后的网络与平台，则需投入的成本增加。

5. 不同规模组织面对数字化的路径

我们在提及数字化时，往往忽略了一个基本事实：中等规模以上的企业谈论的数字化往往是战略与管理问题，而非技术与执行问题，对于中小企业与个人，更加现实是目前数字化浪潮下的最大挑战，也是整个数字化经济中的最后一千米。为什么要这么说？

数字化最难的在于如何推动企业业务数据数字化，连接上数字网络一张网，这是目前数字化转型中最大的挑战。如果从上往下看，则会发现数字化整体分为 3 个层面。

（1）政策层：围绕数字化的基础设施，已经趋向完善，无论是数字人民币，还是银企直联等数字金融体系所需的技术框架已经完成搭建，当然也包括数字化行政网络。这个意味着从上面的视野里，一旦需要，政策的红利很容易触达产业的末梢。

（2）平台层：这里的平台分为产业平台与数字平台。2018 年财务软件服务商最早推动了财务软件的数字化进程，到今天完善的数字化软件已经能够让企业的经营业务数据可视化，可以相对全面地展示企业的业务情况与运行情况。再从运营端观察：阿里巴巴、腾讯、字节跳动等头部互联网企业搭建的 OA 平台重构了 B 端软件的分发模式，将企业的内部运营与外部运营集成到一个平台，形成了企业内外运营所需的数字平台。

（3）自研层：数字化的最后一千米既有产业视角也有中小企业视角，从中小企业视角出发，如何帮助大量中小企业接入数字网络实现一张网的合围，这是目前数字化进程中最大的挑战。

数字化的本质是将复杂的信息转变成为可视化和可度量的数据模型，推动标准化、流程化和自动化，但是大量的中小企业的业务与商业模式，本质上是多样化的，是复杂的，不同行业的不同企业都存在若干差异。对于平台层而言，推动中小企业的数字化才能实现从上到下，从头部到末梢的数字网络的衔接，实现整个数字网络的构建。这就需要中小企业本身先实现业务与运营的数字化，接入数字网络。目前中小企业搭建属于自己的数字化体系，主要有三条路可供选择。

（1）自研的数字平台：将用户服务与渠道管理数字化，然后借助第三方平台实现整合，实现从前台到后台的一体化运营。这里面最大的问题则是中小企业受限于人才、资金等因素，难以持续投入资金维护自研数字平台。自研平台的难点不在于开发，而在于持续迭代与维护，这是一项巨大的投入。

（2）第三方平台：SaaS 平台的崛起也是这几年的事情，逐步走向成熟。对于中小企业，选择 SaaS 平台是其体验数字化运营的第一站。费用固定、学习成本低、不需要维护等因素是 SaaS 平台的优势，但作为格式化平台，难以满足中小企业的个性化诉求。

（3）低代码平台：低代码与无代码平台在国内仍处于萌芽阶

段,谈不上普及化的阶段,相对于自研与 SaaS 平台,低代码模块化组建既能满足中小企业的个性化需求,也能实现成本可控等环节。

归根到底,中小企业推进数字化转型的根本在于人才匮乏,如无人才推动,中小企业从上到下便难以理解数字化的本质及带来的意义,也难以看到数字化转型后带来的效率提升。从长远看,中小企业如果想要提升效率与解决成本增长的问题,则数字化是不可逆转的趋势。从短期看,数字化转型必然触及企业方方面面的变革,所以在数字化浪潮下,关注中小企业的数字化转型更为实际。

解决中小企业的数字化难题成为数字化转型下的重点。目前阿里巴巴、腾讯、字节跳动等公司主导的钉钉、企业微信、飞书等平台,通过开放 API,以及认证服务商的方式促使大量的 B 端软件提供商接入各自的平台中,以便打通数字化的最后一千米。最终的结果是虽然促成了大量的中小企业依靠这些平台实现了运营的数字化体系搭建,但是依然没有推动业务与渠道体系数字化。

因此,中小企业的数字化转型需要着眼长远,既需要降低门槛,同时也需要培养关键人才,从内到外推动中小企业的数字化转型。

6. 数字化的本土解决方案

其实围绕数字化的相关探讨、案例、场景、分析已经足够多,市场对数字化解决思路的需求依然很大,答案还是上面所讲的那样,国外的案例或者说大量中等规模以上企业的数字化场景难以适配国内中小企业的实际。

正如前文所讲的那样，国内的数字化趋势对于中小企业而言是推动的过程，意味着大量中小企业是匆忙面对数字化进程的，对于数字化的内涵、意义和影响需要一个普及的过程，难以快速融入并落地适配自己的解决方案。

由此，为中小企业寻找到立足本土化的方案才能有效解决中小企业的数字化转型问题，也是最为落地的思路与思考。

7. 数字化下的新视野

一个新的格局在数字时代展开，对于快速实现转型的中小企业而言能够快速享受时代发展的红利。例如短视频崛起以来，快速接入短视频与直播赛道，由此诞生了一批品牌。对于个体更是如此，能够及早抓住这个趋势的个人，也在这波红利下纷纷涌现出来。这或许就是最大的不确定性，除头部品牌能够快速转身，实现衔接。对于很多中小企业而言，都在面临被重塑的命运。

这个判断对于任何想要创业的个人而言，数字化是摆在其步入实际运营面前的第一道坎，其次才是发展。对于中小企业而言，也是如此，只有理解了数字化体系与内在逻辑，才能稳住企业的经营；对于个人而言，数字工具的学习与运用，可能会在其人生轨迹上获得新的发展机会。

互联网和移动互联网顺流而下，已经能够清晰地认识到现实虚拟化是一条非常明显的发展路线。数字化时代的来临完成了从C端到B端的合围，实现了一张网的构建。基于这张网之下，在云计算技术、高速通信网络技术、底层系统和区块链技术等基础技术框架里，包括了数字金融、元宇宙、大数据技术和数字人等复杂技术落地场景，并又通过若干个物联网和车联网组建成的场景网络彼此紧密联系在一起，从人到机器、软件、物等，这就是我们目前看到的数字网络雏形。AI、算法等高效率工具成为人或组织的助手，提升融合与推进进程的速度。

从单一技术到复杂场景，意味着今天无论是个人还是企业本身，解决问题的思路不能再立足于点，而是需要从线面思考问题，只有这样才能掌握解决问题的核心。

数字化转型对于中小企业而言，寻找到适合的解决方案是关键，而本土化方案又是最具性价比的选择。这一切都需要个人与企业从眼花缭乱的技术名词中脱身出来，立足企业发展的实际，从线、面的视角做出选择。

本土化的趋势也给个人带来了新的择业机会、技能经验的重塑和认知体系的重构等，从零出发，我们重新站在新的起跑线上，既需要速度，也需要技巧，更需要耐心，只有这样才能在这条赛道中走到前列，抓住属于自己的机会。

为什么需要专注中小企业的数字化转型？超级个体现象事实上将个人等同于组织，组织更加人格化，与此同时依附于平台的中小企业天然更需要认知的普及与灵活的选择方案。中等规模及以上的企业，在某种程度上不缺乏人才与资金，很多时候的转型问题事实上是战略选择与管理问题，难以从纯粹的方案与技术角度解决问题，这是根本。

图 书 推 荐

书 名	作 者
深度探索 Vue.js——原理剖析与实战应用	张云鹏
剑指大前端全栈工程师	贾志杰、史广、赵东彦
Flink 原理深入与编程实战——Scala＋Java（微课视频版）	辛立伟
Spark 原理深入与编程实战（微课视频版）	辛立伟、张帆、张会娟
PySpark 原理深入与编程实战（微课视频版）	辛立伟、辛雨桐
HarmonyOS 应用开发实战（JavaScript 版）	徐礼文
HarmonyOS 原子化服务卡片原理与实战	李洋
鸿蒙操作系统开发入门经典	徐礼文
鸿蒙应用程序开发	董昱
鸿蒙操作系统应用开发实践	陈美汝、郑森文、武延军、吴敬征
HarmonyOS 移动应用开发	刘安战、余雨萍、李勇军 等
HarmonyOS App 开发从 0 到 1	张诏添、李凯杰
HarmonyOS 从入门到精通 40 例	戈帅
JavaScript 基础语法详解	张旭乾
华为方舟编译器之美——基于开源代码的架构分析与实现	史宁宁
Android Runtime 源码解析	史宁宁
鲲鹏架构入门与实战	张磊
鲲鹏开发套件应用快速入门	张磊
华为 HCIA 路由与交换技术实战	江礼教
华为 HCIP 路由与交换技术实战	江礼教
openEuler 操作系统管理入门	陈争艳、刘安战、贾玉祥 等
恶意代码逆向分析基础详解	刘晓阳
深度探索 Go 语言——对象模型与 runtime 的原理、特性及应用	封幼林
深入理解 Go 语言	刘丹冰
深度探索 Flutter——企业应用开发实战	赵龙
Flutter 组件精讲与实战	赵龙
Flutter 组件详解与实战	［加］王浩然（Bradley Wang）
Flutter 跨平台移动开发实战	董运成
Dart 语言实战——基于 Flutter 框架的程序开发（第 2 版）	亢少军
Dart 语言实战——基于 Angular 框架的 Web 开发	刘仕文

书　名	作　者
IntelliJ IDEA 软件开发与应用	乔国辉
Vue＋Spring Boot 前后端分离开发实战	贾志杰
Vue.js 快速入门与深入实战	杨世文
Vue.js 企业开发实战	千锋教育高教产品研发部
Python 从入门到全栈开发	钱超
Python 全栈开发——基础入门	夏正东
Python 全栈开发——高阶编程	夏正东
Python 全栈开发——数据分析	夏正东
Python 游戏编程项目开发实战	李志远
量子人工智能	金贤敏、胡俊杰
Python 人工智能——原理、实践及应用	杨博雄 主编，于营、肖衡、潘玉霞、高华玲、梁志勇 副主编
Python 深度学习	王志立
Python 预测分析与机器学习	王沁晨
Python 异步编程实战——基于 AIO 的全栈开发技术	陈少佳
Python 数据分析实战——从 Excel 轻松入门 Pandas	曾贤志
Python 概率统计	李爽
Python 数据分析从 0 到 1	邓立文、俞心宇、牛瑶
FFmpeg 入门详解——音视频原理及应用	梅会东
FFmpeg 入门详解——SDK 二次开发与直播美颜原理及应用	梅会东
FFmpeg 入门详解——流媒体直播原理及应用	梅会东
FFmpeg 入门详解——命令行与音视频特效原理及应用	梅会东
Python Web 数据分析可视化——基于 Django 框架的开发实战	韩伟、赵盼
Python 玩转数学问题——轻松学习 NumPy、SciPy 和 Matplotlib	张骞
Pandas 通关实战	黄福星
深入浅出 Power Query M 语言	黄福星
深入浅出 DAX——Excel Power Pivot 和 Power BI 高效数据分析	黄福星
云原生开发实践	高尚衡

书　名	作　者
云计算管理配置与实战	杨昌家
虚拟化 KVM 极速入门	陈涛
虚拟化 KVM 进阶实践	陈涛
边缘计算	方娟、陆帅冰
物联网——嵌入式开发实战	连志安
动手学推荐系统——基于 PyTorch 的算法实现（微课视频版）	於方仁
人工智能算法——原理、技巧及应用	韩龙、张娜、汝洪芳
跟我一起学机器学习	王成、黄晓辉
深度强化学习理论与实践	龙强、章胜
自然语言处理——原理、方法与应用	王志立、雷鹏斌、吴宇凡
TensorFlow 计算机视觉原理与实战	欧阳鹏程、任浩然
计算机视觉——基于 OpenCV 与 TensorFlow 的深度学习方法	余海林、翟中华
深度学习——理论、方法与 PyTorch 实践	翟中华、孟翔宇
HuggingFace 自然语言处理详解——基于 BERT 中文模型的任务实战	李福林
AR Foundation 增强现实开发实战（ARKit 版）	汪祥春
AR Foundation 增强现实开发实战（ARCore 版）	汪祥春
ARKit 原生开发入门精粹——RealityKit＋Swift＋SwiftUI	汪祥春
HoloLens 2 开发入门精要——基于 Unity 和 MRTK	汪祥春
巧学易用单片机——从零基础入门到项目实战	王良升
Altium Designer 20 PCB 设计实战（视频微课版）	白军杰
Cadence 高速 PCB 设计——基于手机高阶板的案例分析与实现	李卫国、张彬、林超文
Octave 程序设计	于红博
ANSYS 19.0 实例详解	李大勇、周宝
ANSYS Workbench 结构有限元分析详解	汤晖
AutoCAD 2022 快速入门、进阶与精通	邵为龙
Autodesk Inventor 2022 快速入门与深入实战（微课视频版）	邵为龙
全栈 UI 自动化测试实战	胡胜强、单镜石、李睿
pytest 框架与自动化测试应用	房荔枝、梁丽丽